Insgeheim ist diese Sammlung von Fragmenten eine etwas andere Einführung in die Philosophie. Denn die bösen Enthüllungen über den Beschimpften entstellen auch den Schimpfenden bisweilen bis zur Kenntlichkeit.

Das ›Pathos der Distanz‹, mit dem uns Philosophen gewöhnlich begegnen und mit dem wir uns gewöhnlich auch die Philosophie vom Leibe halten, wird hier unterlaufen – und wir erkennen Philosophen durchaus als unsereins. Und so können wir insgesamt unsere Freude haben an dieser fröhlichen Selbstkritik der philosophierenden Vernunft.

Der Herausgeber – ein nomadisierender Philosoph – hat Textstücke aus den letzten zwei Jahrhunderten versammelt. Wir begegnen vertrauten Bosheiten, aber es werden auch längst verschollene Schlechtigkeiten aus dem Schlaf der Vernunft geschreckt.

Philosophen beschimpfen Philosophen

Die kategorische Impertinenz seit Kant

Herausgegeben von Steffen Dietzsch

RECLAM VERLAG LEIPZIG

ISBN 3-379-01542-3

© Reclam Verlag Leipzig 1995

Reclam-Bibliothek Band 1542
1. Auflage, 1995
Reihengestaltung: Hans Peter Willberg
Umschlaggestaltung: Matthias Gubig unter Verwendung von
Scherenschnitten J. G. Fichtes und F. W. J. Schellings
Foto des Herausgebers: Kirsten Wenzel
Gesetzt aus Meridien
Satz: Offizin Andersen Nexö Leipzig
Druck und Bindung: Ebner Ulm
Printed in Germany

Meinen Penthesileen

Inhalt

O Voltaire! O Humanität! O Blödsinn!

F. Nietzsche, Jenseits von Gut und Böse,
Aph. 35, 1886

Ein Mann, der melancholisch ist, weil er wegen mangelnder Bewegung z.B. an der Leber leidet, glaubt immer, daß es der Verlust Gottes oder die Bedrohung durch den Bolschewismus oder irgendein erhabener Grund ist, der ihn traurig macht.

B. Russell an W. W. Norton, 27. Januar 1931

Das Hauen mit dem Beil hat den Fehler, daß die Schneide des Beils zu viele Teile des Halses zugleich berührt … das Schwert ist viel besser, denn der Scharfrichter haut nicht bloß, sondern schneidet auch. Weil aber dieses viel Gegenwart des Geistes und Adresse [Geschick] erfordert … so fehlt gemeiniglich, wenn es einem Menschenkopf gilt, die erstere … und so weiß ich in Wahrheit nichts Sinnreicheres als die Guillotine.

G. Ch. Lichtenberg an J. D. Reuß,
19. Juli 1793

I. Die klassische Impertinenz

Immanuel Kant

Doch kommt der verzweifelte Paroxismus, der den Philosophen von Profession eigen ist, auch über ihn, die Natur nach ihren logischen Distinktionen modeln zu wollen. Der Plunder ist doch wahrlich mehr schädlich als nützlich.

J. G. Forster an S. Th. Sömmering, 8. Juni 1786

Kant, der vor dem Publikum zuletzt nur noch als der Mann dastand, der sein Genie leuchten ließ, um die Wahrheit zu verdunkeln.

F. Bouterwek, Immanuel Kant, 1804

In welchen Stücken unterscheidet sich der Glaube des Teufels von dem Glauben des Herrn Kant? – und in welchen Stücken unterscheiden sich die Moral des Teufels und die Moral des Herrn Kant?

S. Collenbusch an I. Kant, 26. Dezember 1794

Immanuel Kant

Ich höre auch, daß Herr Kant … den Mantel nach dem Winde hängt und es mit den Berlinern und Mendelssohnianern nicht verderben will. Wenn dem also ist, so gestehe ich, geht die Achtung, die ich noch für ihn hatte, großenteils verloren.

G. Forster an J. G. Herder, 21. Januar 1787

Ey! Ey! mein lieber Gevatter, Landsmann und Freund [Herder], daß Ihnen die Schläge Ihres alten Lehrers [Kant] so weh tun, gefällt mir nicht recht. Dies gehört zum Autorspiel … Jeder gute Kopf hat so einen Satans-Engel nötig.

J. G. Hamann an J. G. Herder, 19. Januar 1786

Nur Kants Wortkram ist mir ermüdend.

G. Forster an F. H. Jacobi, 8. Februar 1789

Was ich zu *Kants Erklärung* über mein System sage? … Ich … konnte es mir gar wohl denken, daß Kant nach einem arbeitsvollen Leben in seinem hohen Alter sich für unfähig hielte, in ganz neue Speculationen einzudringen.

J. G. Fichte, Intelligenzblatt der Allgemeinen Literatur-Zeitung, Jena, 28. September 1799

Daß er denn doch nur ein DreiViertelsKopf ist, und daß es mit seiner Philosophie in der Tat die Bewandtnis hat, die sie wider mich behauptet.

J. G. Fichte an C. L. Reinhold, 28. September 1799

So gewiss ... Kant's *Moralität* und *Humanität* durch den gefährlichen Stand eines Professors nicht gelitten hat, so gewiss ist es doch, daß er nicht allen Mängeln und Unvollkommenheiten seines Amtes entwischt ... Er wird ungeduldig ... spricht unaufhörlich allein ... weiß *alles*!

G. W. v. Purgstall, Tagebuch, 30. April 1795

Aber wenn nun Herr Kant selbst heruntersinken will, bis in die Klasse der verächtlichsten Skribenten, ... daß sogar diese armselige, Kants ganz unwürdige Scharteke [*Über die Buchmacherei*] Bewunderung verdiene, so möchte es endlich Zeit sein ... laut zu sagen, daß *Kants bloßer Namen* künftig wahrlich keine Autorität mehr sein kann.

F. Nicolai, Über meine gelehrte Bildung, 1799

Doch scheint es mir noch nicht ratsam, junge Leute jetzt schon, gerade in die kantische Philosophie einzuführen.

*C. G. Fürstenau, Was ist von der kantischen
Philosophie zu halten?, 1789*

Aus dem Dünkel von dem *überschwenglichen und zugleich ausschließenden* Werte der kritischen Weisheit entstanden noch andere Übel. Die deutsche Schreibart ward in Grund verderbt. Kant hat ... gar nicht die Gabe eines guten Vortrags. Er schreibt oft sehr weitschweifig, verworren, verschraubt seine Perioden auf seltsamste, ist dunkel ... und viele Schiefköpfe trieben diese Anwendung dunkler Terminologieen bis zum Unsinne.

F. Nicolai, Über meine gelehrte Bildung, 1799

Immanuel Kant

Und siehe … es erscheint eine Recension [von Kant] der *Ideen* [von Herder], so hämisch und so verdrehend und metaphysisch … daß ich erstaunte … daß Kant, mein Lehrer, eines so niederträchtigen Werkes fähig sein könnte, der große Metaphysicus Kant zu Königsberg in Preußen.

J. G. Herder an J. G. Hamann, 14. Februar 1785

Ihr Urteil über Kants *Streit der Fakultäten* war ganz aus seiner [Herders] Seele. Wie läßt sich das unwissende Deutschland von dem alten Sophisten betrügen.

C. Herder an K. L. v. Knebel, 15. Februar 1799

Herr Kant spricht mit mir als mit einem völlig unwissenden Menschen. Ist dies der Ton, der ihm gegen mich anstehet? … indem ich Vorurteile, Heuchelei und Aberglauben mit Mut angriff, indem ich die Rechte der gesunden Vernunft beständig verteidigte.

F. Nicolai, Über meine gelehrte Bildung, 1799

Die ebenso steife als sittsame Tartüfferie des alten Kant, mit der er uns auf die dialektischen Schleichwege lockt … dies Schauspiel macht uns Verwöhnte lächeln, die wir keine kleine Belustigung darin finden, den feinen Tücken alter Moralisten und Moralprediger auf die Finger zu sehen.

F. Nietzsche, Jenseits von Gut und Böse, Aph. 5, 1886

Auch der große Chinese von Königsberg war nur ein großer Kritiker. – Kritiker sind Werkzeuge des Philosophen und eben darum, als Werkzeuge, noch lange nicht selbst Philosophen!

F. Nietzsche, Jenseits von Gut und Böse, Aph. 210, 1886

Der kategorische Imperativ riecht nach Grausamkeit.

F. Nietzsche, Zur Genealogie der Moral, Aph. 6, 1887

Ich trage es den Deutschen nach, sich über Kant und seine ›Philosophie der Hintertüren‹, wie ich sie nenne, vergriffen zu haben – das war *nicht* der Typus der intellektuellen Rechtschaffenheit.

F. Nietzsche, Götzen-Dämmerung, Aph. 16, 1888

[Leibniz und] Kant – diese zwei größten Hemmschuhe der intellektuellen Rechtschaffenheit Europas!

F. Nietzsche, Ecce Homo, 1889

Ich habe Gelehrte kennengelernt, die Kant für tief hielten.

F. Nietzsche, Ecce Homo, 1889

Kant wurde Idiot … Der fehlgreifende Instinkt in allem und jedem, die *Widernatur* als Instinkt, die deutsche *décadence* als Philosophie – *das ist Kant!*

F. Nietzsche, Der Antichrist, Aph. 11, 1888

Immanuel Kant

… verwachsensten Begriffs-Krüppel, den es je gegeben hat, …

F. Nietzsche, Götzen-Dämmerung, Aph. 7, 1888

Kant wollte auf eine ›alle Welt‹ vor den Kopf stoßende Art beweisen, daß ›alle Welt‹ recht habe – das war der heimliche Witz dieser Seele. Er schrieb gegen die Gelehrten zugunsten des Volks-Vorurteils, aber für Gelehrte und nicht für das Volk.

F. Nietzsche, Die fröhliche Wissenschaft, Aph. 193, 1882

Dies Verhängnis von Spinne galt als der *deutsche* Philosoph.

F. Nietzsche, Der Antichrist, Aph.11, 1888

Kant ist in gewissem Betrachte eine Mißgeburt. Neulich las ich von einer Person (in Frankreich, glaub' ich), die ein Herz hatte, das so groß war, wie der Kopf selbst. Die ähnelte Kant völlig. Sein Herz gibt seinem Kopf wenig nach.

Jean Paul, 1785, aus: H. G. Paulus,
Conversations-Saal, 596, 1837

Johann Gottfried Herder

Herder ist alles das nicht, was er von sich wähnen machte: kein großer Denker und Erfinder, kein neuer treibender Fruchtboden mit der urwaldfrischen unausgenutzten Kraft. …Überall, wo zuletzt Kronen wirklich vergeben wurden, ging er leer aus. … Nie wirklich satt und froh, war Herder überdies allzu häufig krank: da setzte sich bisweilen der Neid an sein Bett, auch die Heuchelei machte ihren Besuch.

F. Nietzsche, Menschliches, Allzumenschliches,
Aph. 118, 1878

Johann Kaspar Lavater

Ich glaube gewiß, Lavater ist ein ehrlicher Mann, der aber seinen Kopf für die Welt hält, und jeden Gedanken, der ihm aufsteigt für einen neuen Planeten. Wären nur immer Leute um ihn gewesen, die ihm freundschaftlich gezeigt hätten, daß es Nebel wären …, so hätte etwas Großes aus ihm werden können. Nun ist es zu spät.

G. Ch. Lichtenberg an J. D. Ramberg, 6. August 1786

Abbé Galiani

Der tiefste, scharfsinnigste und vielleicht auch schmutzigste Mensch seines Jahrhunderts … der wissenschaftliche Kopf auf einem Affenleib.

F. Nietzsche, Jenseits von Gut und Böse, Aph. 26, 1886

Abraham Gotthelf Kästner

Sie können nicht glauben, was der Mann stichelt. Es ist unerträglich.

G. Ch. Lichtenberg an J. A. Schernhagen, 13. März 1783

Karl Leonhard Reinhold

Ich verkenne seine Talente nicht, aber … ich mag keinen Despotismus. Eine allein seligmachende Philosophie ist mir so zuwider, wie ein allein seligmachender Glaube.

G. Forster an F. H. Jacobi, 1. November 1789

Meine Philosophie aber – haben Sie doch endlich einmal die Barmherzigkeit, dieß zu vernehmen, und erzeigen Sie mir die Ehre zu glauben, daß ich nicht scherze, und denn doch ungefähr selbst weiß, was ich selbst thue – meine Philosophie hat, als Philosophie, mit jenem Ihrem und meinem B [= dem angewendeten Denken] *durchaus nichts* zu thun,…

J. G. Fichte, Antwortschreiben an Reinhold, Oktober 1801

Von Ihnen ist jetzt klar, und Sie selbst müssen es eingestehen, daß Sie in allen Ihren frühern Epochen, in Ihrer Kantischen, in Ihrer Elementar-Philosophischen, in Ihrer Ichlehrmäßigen, über keinen Gegenstand des Philosophischen Nachdenkens etwas auf diese Weise gewußt, und es als ins Unendliche wiederholbar, und durchaus unveränderlich eingesehen haben. Selbst auf die Frage, die Sie aufwerfen, ob es denn nun bei der gegenwärtigen Bardilischen Epoche unabänderlich sein Bewenden haben werde, getrauen Sie sich doch nicht ein rechtes kräftiges, unumwundenes kategorisches Ja zur Antwort zu geben; so wie ich z.B. in jedem Augenblicke bereit bin, mich feierlich zu verbinden, daß ich ewig verdammt seyn will, (um einer Kantischen Wendung mich zu bedienen) wenn ich je auch nur innerlich zurücknehme, und wenn irgend ein Mensch, der es nur einmal eingesehen hat, innerlich zurücknimmt, was ich an meiner Wissenschaftslehre wirklich weiß, und als durchaus evident einsehe. Es macht Ihrer Redlichkeit Ehre, daß Sie jenes kategorische Ja nicht über die Zunge bringen; aber es scheint daraus zu folgen, daß Sie auch jetzt noch nichts im Gebiete der Philosophie – eigentlich wissen.

J. G. Fichte, Antwortschreiben an Reinhold, Oktober 1801

Ihr eigentliches Polemisiren nemlich ist – nachdem Ihre Hitze Sie zur *That* verleitet, so erlauben Sie mir immer *den Namen* hinzuzufügen – es ist *hämisches Verläumden*. Sie sagen am Schlusse Ihrer Heavtogonie, die mein Ekel mich bloß durchblättern ließ, daß meine und Schellings Philosophie in unsrer eignen selbstsüchtigen Individualität gegründet seyen, und versprechen ... auch noch die Fortsetzung dieser saubern Begründung. – Lieber Reinhold, wenn Sie auch wirklich der Mann wären, der unsere Systeme beurtheilen könnte, der Sie doch, wie Sie nun hoffentlich selbst einsehen werden, offenbar nicht sind;...

J. G. Fichte, Antwortschreiben an Reinhold, Oktober 1801

Reinholds Aufsatz im Merkur hatte ich noch nicht gelesen, als ich mein Schreiben abfaßte; und Sie sehen aus demselben, daß ich sogar die Hoffnung äusserte, er werde diese saubere Arbeit nicht fortsetzen. Ich habe ihn jetzt gelesen, und finde ihn – denn doch bei weitem *dümmer*, als er boshaft ist. Man sollte irgendwo ein-

rücken: daß Reinhold seine eigne vorige Gottesverges-
senheit, und Egoismus so reuig beichte, sey recht gut,
und erbaulich; man müsse jedem glauben, der da ver-
sichere ein böser Bube zu seyn, denn das müsse jeder
von sich selbst am besten wissen: daß er aber Kanten,
und uns in diese allgemeine Kirchenbeichte ein-
schliesse, sey nicht erlaubt, und ein großer Verstoß.

J. G. Fichte an F. W. J. Schelling, 31. Mai 1801

Karl Leonhard Reinhold

Lieber Freund, Feinde und Gegner zu haben, ist in dieser Zeit für eine Sache zu halten, welche zur Ehre ge-
reicht und zum Gutseyn mit gehört. Dieser Reinhold
aber ist mir von jeher ein langweiliger Geselle gewesen,
so daß mit ihm mich einzulassen, oder ihn zu meinen
Gegnern zu rechnen, mich immer viel Überwindung
gekostet hat.

F. W. J. Schelling, Ueber das absolute Identitäts-System und
sein Verhältniss zu dem neuesten (Reinholdischen) Dua-
lismus. Ein Gespräch zwischen dem Verfasser und einem
Freund, aus: Kritisches Journal der Philosophie, 1802

Was Reinhold selbst betrifft, so befindet er sich zu tief
unter der Idee, von welcher man nur anfangen könnte,
ihm mit einer Beurtheilung verständlich zu werden,
und diese Geistesknechtschaft muß wie jede andere,
durch die er gegangen ist, ihre gesetzte Zeit dauern, ehe
man hoffen kann, ihm irgend etwas beyzubringen. Er
muß immer erst das Ende und den Gipfel des Unsinns
vor sich sehen, ehe er aufhört.

F. W. J. Schelling, ebd.

Die geheime Furcht, das Gefühl der Nullität, das diese Art der Eingeschränktheit ängstiget, bringt sie endlich unfehlbar zur Verwirrung, und zwingt so die Trübseligkeit selbst, durch ihre Krümmungen und Wendungen kurzweilig zu werden.

F. W. J. Schelling, ebd.

Wenn dieß Dummheit ist (wie ich denn nicht zweifele), so ist sie von der exemplarischen Art; …

F. W. J. Schelling, ebd.

Der Freund: – Wenn nun jemand sehen will, wie die innere Angst sich in Worten ausspricht, so kann man ihm den Reinholdischen Aufsatz empfehlen. Was vergißt man nicht in der Verzweiflung? Es fällt ihm sogar nicht ein, daß die ganze Construction Ihres Idealismus durch eine Stufenfolge von Potenzen fortgehet, und daß die Methode, die Sie in der neuen Darstellung anwenden, ganz die, nur in einer engern Sphäre, schon dem System des Idealismus zum Grunde liegende ist. Er hat in der Vorrede zum ersten Heft erklärt, daß *wenn er sich auch dießmal wieder täusche* (und er sieht nun wohl, wie wenig dieß der Fall sey,) dann auch sein Name – *verhallen* möge. – Der Verfasser: – Das wird er schon von selbst thun, ohne daß er ihm die Erlaubniß dazu giebt. – Der Freund: – Er ist mit einem Wort todt und fühlt sich todt.

F. W. J. Schelling, ebd.

Karl Leonhard Reinhold

Sie wissen, wie es mir geht, und daß ich mir von seinen philosophischen Aufsätzen in der Regel eben soviel verspreche, als von dem Hexen-Einmal-Eins.

F. W. J. Schelling, ebd.

Der Verfasser: – Andere bestreben sich, was seiner Natur nach unpopulär ist, populär zu machen, dieser aber scheint mir die Philosophie immer gebraucht zu haben, um die Popularitäten, über die er sich nie erheben konnte, zu depopularisieren, und mit philosophischen Formeln zur Philosophie hinaufzuschrauben. – Der Freund: – Nur mit dem Unterschied, daß jene wissen, was sie thun, er aber gleicht jemand, der in einem tiefen Traum liegend sich an schweren Zweifelsknoten abarbeitet, und wenn er erwacht, findet, daß es ganz gemeine Dinge waren, nur daß *er* nicht erwacht, und von einem Traum in den andern fällt. Von seinen letzten Sätzen zwar braucht man größtentheils nur die unförmliche Form hinwegzunehmen, um nichts als Plattitüden dahinter zu finden, wie die angeführte, daß das vernünftige Wesen ein denkendes Wesen seye, und dergl.

F. W. J. Schelling, ebd.

Er ist so schwach von Verstand, so unsicher seiner Sache, und benimmt sich so ungeschickt, daß er bey dem besten Willen von der Welt … für einen Filou angesehen werden kann.

F. W. J. Schelling, ebd.

Wenn er freilich so mit der Zeit immer zulernt, und ferner so fleißig ist im Schaben und Ausputzen seines Systems, so kann er mit der Zeit, wenn er es nur nicht ganz durchsichtig schabt, wohl noch etwas herausschaben, es sey nun was es wolle, auf jeden Fall etwas, woran sein Autor weder jemals gedacht hat, noch jetzt denkt.

F. W. J. Schelling, ebd.

Das weiß Gott, Fichte mag mit dem trocknen Schleicher seine theure Noth gehabt, und nicht Einmal, sondern unzähligemal bey sich selbst ausgerufen haben:
> Wie nur dem Kopf nicht alle Hoffnung schwindet,
> Der immer fort an schalem Zeuge klebt,
> Mit gier'ger Hand nach Schätzen gräbt,
> Und froh ist, wenn er Regenwürmer findet!
> [J. W. Goethe, Faust I]

F. W. J. Schelling, ebd.

Daß Sie *meine* Wissenschaftslehre nie verstanden haben, und sie bis diesen Augenblick nicht verstehen, glaube ich Ihnen oben zur Genüge dargethan zu haben. Sollten Sie aber selbst dieses Schreiben nicht verstehen, und sollten auch manche andere es nicht verstehen, so, denke ich, ist es hiebei genug, dem philosophischen Publikum laut zuzurufen, wie ich hiermit thue: Von dem, was der Herr Prof. Reinhold zu Kiel über meine Wissenschaftslehre sagt, glaubt ihm doch ja kein Wort. Er mag freilich glauben, daß er es vom Grund aus versteht: ich aber sage euch, daß er es durchaus nicht versteht: und Ihr werdet doch hoffentlich so viel Zutrauen zu mir haben, daß ich meine eignen Worte wenigstens eben so gut verstehe, als ein Fremder.

J. G. Fichte, Antwortschreiben an Reinhold, Oktober 1801

25

Karl Leonhard Reinhold

Wir haben unter uns gesprochen, wie wir unter uns zu sprechen pflegen, d.h. wir haben einen Hund einen Hund, eine Katze eine Katze genannt. Wollen wir es uns wieder nachsagen lassen, daß wir den Reinhold einen Schwachkopf genannt, ein Exempel der Dummheit, und von ihm geurtheilt, er sey ganz herunter, und lasse sich von einem Narren beschlafen, von dem Lehrer aber, er sey ein Narr, und in seiner Narrheit trivial, platt, pöbelhaft, u.s.w.

F. W. J. Schelling, Ueber das absolute Identitäts-System und sein Verhältniss zu dem neuesten (Reinholdischen) Dualismus. Ein Gespräch zwischen dem Verfasser und einem Freund, 1802

Salomon Maimon

Was aber z.B. ein Maimon mit seiner *Nachbesserung* der kritischen Philosophie (dergleichen die Juden gerne versuchen, um sich auf fremde Kosten ein Ansehen von Wichtigkeit zu geben) eigentlich wolle, nie recht habe fassen können und dessen Zurückweisung ich anderen überlassen muß.

I. Kant an K. L. Reinhold, 28. März 1794

Friedrich Heinrich Jacobi

Er hat mit seiner Rückkehr unter die Fahnen des Glaubens eine klägliche Rolle gespielt, indem kein Mensch den Schluß einzusehen vermag, der ihn zu dieser Rückkehr geleitet hat.

J. G. Forster an G. Ch. Lichtenberg, 5. November 1786

Ihren [Schellings] Gott begriff er zwar nicht, aber der Gott, der sich mit dem alten Jacobi und seinen beiden Schwestern amüsieren könnte, müßte doch ein kläglicher Gott sein.

J. W. Goethe, Tischgespräch, Januar 1812

Johann Gottlieb Fichte

Diese *Folgen* der Fichtischen Philosophie ... konnten zuletzt nichts anders als Hang zur Verachtung und Verspottung der positiven christlichen Religion, zur Revolutionssucht und Anarchie, und zur Gesetz- und Sittenlosigkeit hervorbringen.

aus: Eudämonia, 1796

Zu dem Unfug, wovon Du schreibst – ›dem theologisch-Kantischen Gang der Philosophie in Tübingen‹ – hat aber unstreitig Fichte durch seine *Kritik der Offenbarung* Tür und Angel geöffnet.

G. W. F. Hegel an F. W. J. Schelling, Januar 1795

Da die Fichtesche Philosophie ... gleichfalls ein hohles Luftgebäude ohne alle Fundamente ist, und auf lauter Hypothesen und Phantasien beruht, und es doch nicht zu leiden ist, daß dergleichen luftige und bodenlose Systeme und Theorien so viel Spektakel in der Welt verursachen, so werd' ich ehestens eine besondere Kriegserklärung an Herrn Prof. Fichte ergehen lassen, und sein feingesponnenes Spekulationswerk zu zertrümmern suchen.

H. Heynig, Abgepreßte Erklärung an die Philosophen in Jena, 1799

Johann Gottlieb Fichte

Die Ausschweifungen des Herrn Fichte veranlaßten mich auch über denselben laut zu sprechen. ... man muß diese Schwärmereien widerlegen. ... Es fällt in die Augen, welche Menge in allen nützlichen Wissenschaften unwissender und doch höchsteingebildeter, in der menschlichen Gesellschaft unbrauchbarer Menschen jetzt von Universitäten, sonderlich aus Jena kommen.

F. Nicolai an Fr. Ch. v. Schleswig-Holstein-Augustenburg, 20. April 1799

Der größte Tief*denker* unsrer Zeit, Fichte (tief*sinnig* sind nur die Gemütskranken, sagt Kant) – hat es bewiesen, daß man dadurch allein Philosoph werde, daß man vom *Notwendigen* abstrahieren und ... sich zum *überflüssigen*, ganz freien, erhebe.

F. H. Jacobi an Jean Paul, 19. Februar 1799

Erst machten sie im *Philosophischen Journal* [von Fichte] einen albernen Streich ... der nach dem hergebrachten Sprachgebrauch atheistisch genug war. Da Fichte nun unrecht hatte, wurde er zuletzt auch noch grob gegen das Gouvernement und so erhielt er seinen Abschied.

J. W. Goethe an W. v. Humboldt, 16. September 1799

Fichte ist nicht um der Philosophie willen ... abgesetzt worden!

G. F. W. Hegel an D. I. Niethammer, 23. Dezember 1807

Fichte ist gut mit mir, obgleich zwischen uns nur so lange Waffenstillstand ist, als wir trinken.

Jean Paul an Fr. v. Oertel, 28. März 1801

Erkläre ich hiermit: daß ich *Fichtes Wissenschaftslehre* für ein gänzlich unhaltbares System halte.

I. Kant, Öffentliche Erklärung, 7. August 1799

Der Fichtesche Kot wird fortgetreten; *Jacobi an Fichte* ... worinn er ihn für den Messias des echten Wissens-Denkens, den alten Professor in Königsberg nur für seinen Vorläufer erklärt hat und hinter sich selbst Reinhold bestellt zu seinem künftigen Stellvertreter und Sachwalter.

J. G. Herder an J. G. Müller, 29. November 1799

Fichte hat ein abenteuerliches Product herausgegeben – den geschlossenen Handelsstaat. Mir hat besonders Spaß gemacht, daß ihm beim Verbot aller Einfuhr der Wein doch noch zu rechter Zeit eingefallen ist, den er sich nicht aus der Mark Brandenburg verschreiben mag. Um sich zu helfen, weiß er keinen Ausweg, als den Staat zum Weinlieferanten zu machen. Übrigens wäre es Zeit, daß man diesen philosophischen Attila einmal in seinem Lande bekriegte, damit er uns nicht alle unsere Felder und Gärten nacheinander verheert. Aber in seinem Lande sind nichts als öde Wüsten, wo kein Halm wächst. ... Solche Einschränkungen, als er vorschlägt, könnten nur allenfalls unter Robespierres Schreckenssystem gewagt werden.

Ch. G. Körner an F. Schiller, 29. Dezember 1800

Johann Gottlieb Fichte

Verlogne, aber patriotische Schmeicheleien und Über-
treibungen.

F. Nietzsche, Jenseits von Gut und Böse, Aph. 244, 1886

Fichte antwortet Dir öffentlich; und ich wollte
schwören, er bringt sein altes Wünschhütlein wieder *in*
seinen Kopf, nämlich die Frage – womit er die Realität
des Nicht-Ichs zersetzt –, *wo* denn anders jenes *Wahre*
und das Streben darnach sei als wieder im Fragenden,
weil der sonst keiner sein könnte? (So, gegen deinen
Abscheu vor dem Philosophen, der neben dem anbe-
tenden Wilden sich anbetet, wird er mit seinen un- und
endlichen Ichs aufziehen etc.)

Jean Paul an F. H. Jacobi, 23. Dezember 1799

Er hat überhaupt über Verständniß ganz eigene Grillen.
Als Reinhold mit ihm gleicher Meinung war, erklärte
Fichte, daß ihn niemand besser verstehe wie Reinhold.
Als dieser aber später von ihm abwich, erklärte Fichte:
er habe ihn nie verstanden. Als er mit Kant differen-
zirte, ließ er drucken: Kant verstehe sich selber nicht.
Ich berühre hier überhaupt die komische Seite unserer
Philosophen. Sie klagen beständig über Nichtverstan-
denwerden. Als Hegel auf dem Todtbette lag, sagte er:
»nur Einer hat mich verstanden«, aber gleich darauf
fügte er verdrießlich hinzu: »und der hat mich auch
nicht verstanden.«

*H. Heine, Religion und Philosophie
in Deutschland, 3. Buch, 1834*

Es ist Jammer und Schade um diesen Kopf, daß er einem so saft- und blutlosen Menschen zu teil geworden ist.

F. H. Jacobi an K. L. Reinhold, 28. Januar 1800

Lustig ist es, wie diese Leute nun auf einmal über Fichte herfallen, als hätten sie nie etwas mit ihm gemein gehabt. Ich bin neugierig, wie er sich hierauf benehmen wird. Wenigstens muß er, so lieb ihm seine Seeligkeit ist, beweisen, daß ihn Schelling nie verstanden hat.

F. H. Jacobi an K. L. Reinhold, 10. August 1802

Friedrich Wilhelm Joseph Schelling

Sollten Sie die Güte haben wollen, diesen Punkt, der Ihnen nicht entgehen kann, zu bedenken; und zugleich zu bedenken, wie es zuging, daß Sie ihn übersahen – (...) so würden Sie den wahren Idealismus bald kennen lernen, und einsehen, wie Sie mich fortdauernd mißverstehen.

J. G. Fichte an F. W. J. Schelling, Oktober 1801

Haben Sie doch die Güte, einmal aus meiner Lage heraus zu bedenken, wie ich in Absicht Ihrer mich verhalten sollte, als ich erklären mußte, daß Keiner, durchaus Keiner, mich verstanden hätte.

J. G. Fichte an F. W. J. Schelling, Oktober 1801

Johann Gottlieb Fichte

Sollte aber der Wunsch, daß die Differenzen zwischen uns weiter nicht laut werden, so gemeint seyn, daß *ich* damit nur so lange warte, bis es *Ihnen* gelegen ist, sie laut werden zu lassen, oder daß ich Ihnen indeß erlaube, in Ankündigungen der neuen Wissenschaftslehre u.s.w. mich als Ihren geistvollen Mitarbeiter zu rühmen, dabei aber dem Publikum auf eine feine und versteckte Weise, daß es auch die Nicolais und Recensenten der Allgemeinen Deutschen Bibliothek merken, unter die Füße zu geben, daß ich Sie nicht verstehe, so sehen Sie wohl, daß dieser Vorschlag etwas unbillig ist.

F. W. J. Schelling an J. G. Fichte, 3. Oktober 1801

Friedrich Wilhelm Joseph Schelling

Uebrigens habe ich nie gemeint, daß Sie etwa aus Freundschaft oder Schonung für mich etwas unterlassen sollten, was Sie zu thun Lust hätten. Ich für meine Person bin fest entschlossen, Ihrer durchaus nicht öffentlich zu erwähnen, bis entweder unsre Differenzen gehoben sind, falls sie gehoben werden können, oder Sie durch einen Angriff mich dazu nöthigen; (...) Es würde mir sehr erwünscht seyn, die Correspondenz mit Ihnen fortzusetzen; doch nur unter der Bedingung, wenn Sie sich persönlicher Beleidigungen enthalten wollen.

J. G. Fichte an F. W. J. Schelling, Oktober 1801

Es ist sehr wahr, daß durch einen Brief es sich kaum bis zur Ueberzeugung wird erheben lassen, welcher von uns beiden es sey, der sich in erheblichen Irrthümern und Vorurtheilen befinde, und – denn dies würde der Fall seyn – flach philosophiere.

J. G. Fichte an F. W. J. Schelling, Oktober 1801

Schelling sprach ich im Museum; er gefällt mir so wenig als die ganze verfluchte Philosophen-Horde; ...

Jean Paul an Ch. Otto, 15. November 1797

Den Winter [1800] konnte man in ... Schellings Hörsälen den ausgesprochensten Unsinn der Welt hören. ... So entdeckte man hier das Fabelland der Schellingschen Naturphilosophie.

J. F. Fries an K. v. Zezschwitz, Sommer 1801

Schelling wird hier von vielen Magister Dunkelhut genannt.

K. Ch. F. Krause an den Vater, 6. März 1802

Die *Wissenschaftslehre*, ein System, welches er nie verstanden hat.

J. G. Fichte an J. B. Schad, 29. Dezember 1801

Fichte befindet sich bei uns nicht auf's Beste. ... Ich höre mit unseren Professoren die *Wissenschaftslehre* bei ihm in einer Privatvorlesung. Schelling verkennt er durchaus, er polemisiert sehr heftig gegen ihn; unter dem ›Abstraktum der Blindheit‹ ist immer der Würzburger Philosoph [Schelling] gemeint.

Ph. K. Marheineke an D. F. Schleiermacher, 9. August 1805

Friedrich Wilhelm Joseph Schelling

Will dessen pomphafte Ankündigungen von großen Revolutionen in der Naturwissenschaft und Poesie durch spekulative Physik so lange für Windbeutelei ... halten, bis die Überzeugung vom Gegenteil uns in die Hände kommt.

Ch. G. Schütz, Intelligenzblatt der Allgemeinen Literatur-Zeitung, Jena, 30. April 1800

Friedrich Wilhelm Joseph Schelling & Georg Wilhelm Friedrich Hegel

Er [Schelling] ist nun einmal an das Stehlen gewohnt, und bildet sich vielleicht am Ende selbst ein, daß dieses seine Gedanken seien. Noch eckelhafter jedoch sind mir die Hegeleien. – Schwerlich werde ich von diesem Menschen je etwas wieder lesen.

F. Schlegel an A. W. Schlegel, 26. März 1804

Friedrich Wilhelm Joseph Schelling

Schelling salbadert ganz unerträglich ... ich hätte ganz und gar dumm werden können, falls ich fortgefahren hätte, Schelling zu hören.

S. Kierkegaard an P. Ch. Kierkegaard, 27. Februar 1842

Haben Sie jemals leereres, lauwärmeres Spülwasser gesehen oder gekostet, als die Schelling'sche erste Vorlesung [in Berlin]?

K. E. Jarcke an I. v. Döllinger, 31. Januar 1842

Als Philosoph macht er völlig bankrott. Die Beiworte ›dumm‹ und ›jämmerlich‹ werden ihm von Studenten nicht gespart. Man war auf wissenschaftliche Blösse und Schwäche gefasst, aber doch nicht auf solches Zeug. ... Dergleichen Erbärmlichkeit soll an der Universität herrschen, im Staate!

K. Varnhagen v. Ense, Tagebuch, 17. März 1842

Schelling noch einen Philosophen zu nennen ist das Albernste, was man tun könnte. ... Denk Dir diese Potenzsauerei [sic!] ... Alles die niederträchtigste Scholastik und immer aus der Absicht heraus, Hegel so zu verballhornen, dass man nicht merkt, wie er ihn benutzt, um das verwünschte Christentum ... zu construiren. Hegel versteht das Rhinoceros nicht.

A. Ruge an K. Rosenkranz, April 1842

Schelling kann nichts antworten, außer Lügen, Verdrehungen, Prahlereien und Ausflüchte. Schelling hat unsere Welt hier für zu dumm gehalten, er büsst nun seinen Irrtum und Dünkel.

K. Varnhagen v. Ense, Tagebuch, 6. März 1843

Schelling ist ein bankrotter Mann, er lebt vom Indult [Gnadenakt], den ihm die bürgerliche Macht erteilt. Daß er sich in dem elenden Streite gegen Paulus [wegen dessen nichtautorisiertem Nachdruck seiner Berliner Vorlesungen 1843] an den König gewendet ... macht Schelling's Sache nicht besser, und jedermann sieht die Fäulnis darin, die noch frisches Leben vorstellen soll.

K. Varnhagen v. Ense an K. Rosenkranz, 27. März 1844

Friedrich Wilhelm Joseph Schelling

Er war so blindwütend, dass er schon lange zu sagen pflegte, das Volk müsste man mit Kartätschen zusammenschiessen!

K. Varnhagen v. Ense, Tagebuch, 5. April 1848

Schelling hat nie der Wahrheit, immer nur sich gedient … Schelling ist ein secundärer Mensch, der durchaus Original sein will; … und jetzt mystificiert er die Welt wissentlich und prahlt mit ganz nagelneuen Principien, während er die allerältesten aus Bibel und Kirchenvätern vorträgt. … Er ist und bleibt Dilettant und Gast an fremden Tischen, Diener vergangener Götter.

A. Ruge, Zwei Jahre in Paris, 1846

Nichts ist lächerlicher als das reklamierte Eigentumsrecht an Ideen. Hegel hat freilich sehr viele Schellingsche Ideen zu seiner Philosophie benutzt; aber Herr Schelling hätte doch nie mit diesen Ideen etwas anzufangen gewußt.

H. Heine, Die romantische Schule, 2. Buch, III, 1836

Schelling ist Gnostiker im eigentlichen Sinne des Wortes… Ich dachte jeden Augenblick, es müsse irgend ein Ungetüm von asiatischem Gott dahergewatschelt kommen… Wer Schellings Christtum noch lieben kann, der muß ein weites Herz haben.

J. Burckhardt an G. Kinkel, Juni 1842

Friedrich Heinrich Jacobi

Aber was will denn Er mit seinem Nicht-Wissen anfangen? Etwa in die leere Stelle nach Herzenslust – wir andern nennen's Fratzen und Chimären – hineinpflanzen nach seiner Individualität – und – wenn's gnädig abgeht – jedem Andern erlauben, auch, was er will, in sie zu setzen – auch nach seiner Individualität? – Dies ist nun keineswegs meine Rechnung.

J. G. Fichte an K. L. Reinhold, 8. Januar 1800

So viel scheint mir aber schon jetzt klar: Daß Jacobi meine Philosophie nur zur Hälfte kennt: den praktischen Theil derselben nämlich gar nicht.

J. G. Fichte an K. L. Reinhold, 8. Januar 1800

Ich habe Jacobi immer sehr wohl verstanden, so lange er es mit Mendelssohn zu thun hatte; (…) Seitdem er es mit mir zu thun bekommt, höre ich auf ihn zu verstehen, und Er versteht mich offenbar nicht.

J. G. Fichte, Antwortschreiben an Reinhold, Oktober 1801

Einen Grund, warum ich z.B. sein Sendschreiben an mich nicht verstehe, kenne ich, und es hängt von Jacobi ab, diesen Grund aufzuheben. Ersuchen Sie ihn in meinem Namen, in den zu liefernden Erörterungen mehr auf strengen logischen Gang, als auf sarkastische Ausfälle, und ironische Wendungen zu denken. Für mich sind dergleichen Dinge rein verlohren. Ich bin so ehrlich, die Worte zu nehmen, wie sie lauten, und merke oft erst lange hinterher, daß man mich persifliert hat.

J. G. Fichte, Antwortschreiben an Reinhold, Oktober 1801

Christoph Gottfried Bardili

Diese Beweisart ist durchaus vom Anfange des Buchs bis zum Ende folgende: *Er sagt etwas,* das er, wie es nun kommt, erdichtet, erschleicht, aus der Erfahrung nimmt, z.B. D = E. Jetzt schließt er weiter: da nun D = E ist, so wäre es ein Widerspruch, zu behaupten, daß D = non E sey. Und nun – ich weiß nicht, glaubt er selbst, oder will er nur die Leser glauben machen, daß er *aus dem Gesetze des Widerspruchs* bewiesen habe, D sey = E. – Um unsre Leser mit der Verworrenheit dieses Kopfs ganz vertraut zu machen, wählen wir eine der kürzesten dieser Demonstrationen.

J. G. Fichte, Rezension zu C. G. Bardilis ›Grundriß
der ersten Logik‹, Oktober 1800

Was soll man von dem Kopfe eines solchen Mannes denken? War er wirklich so blödsinnig, um sich selbst zu überreden, daß er das zu Erweisende erwiesen habe, oder hielt er nur die Leser für so blödsinnig?

J. G. Fichte, Rezension zu C. G. Bardilis ›Grundriß
der ersten Logik‹, Oktober 1800

Noch einen Blick auf die ästhetische Seite des Buchs. Es ist mit einer Planlosigkeit, Flüchtigkeit, Verachtung gegen das Publikum geschrieben, die es wohl glaublich macht, daß, da der Verfasser *so eben* – doch wohl während des Schreibens – eine Bemerkung an einem Pferde macht, es zum Theil auf dem Sattelknopfe geschrieben sey. *»Ich muß mich zerstreuen«* sagt er einmahl …, da er den Faden fallen lassen und in's Schimpfen gerathen will; und so zerstreut er sich denn vor den Augen des Lesers gar häufig das ganze Buch hindurch. Es wimmelt von *geschmacklosen Spässen* und *renommistischen Kraft-Phrasen,* (…). Endlich – wir können es nicht anders nennen – *Spuren von Verrücktheit* durch zu hohe Meynung von sich selbst. So bricht ...diese Freude über sich selbst in den tragisch-komischen Ausruf aus: »Diese Formeln (die er vorher aufgestellt, und durch welche z.B. die träumende Monas und die wachende bestimmt wird) werden bleiben, so lange eine Erkenntniß des *Identitätsgesetzes* (für dessen wahren Enthüller Hr. *B.* sich hält), folglich eine Erkenntniß des Denkens, folglich eine Philosophie unter den Menschen bleibt; dies weiß ich, *und beuge mich in Staub*« (vor der Herrlichkeit seines eignen Geistes), »*über welchen sie, wenn er auch meine Asche wieder mit der Asche meiner Väter mischt, das et me aliquando vixisse, aussprechen mögen.*«

J. G. Fichte, Rezension zu C. G. Bardilis ›Grundriß der ersten Logik‹, Oktober 1800

Dieser Mann nun, mit dessen philosophischem Talent, Beurtheilung und Geschmack es so beschaffen ist ..., schimpft mit Wuth auf Kant, Schelling, Fichte ...; redet in der Vorrede *von Jungen, die tongebend für Teutschlands Philosophie werden wollten, indeß ihnen noch die Zuchtruthe gebührt hätte.* »Zur Spekulation gehöre Reife, und reif sey kein Jüngling;« und so schilt er an mehrern Orten auf die Jugend der transzendentalen Idealisten. Wenn es auch wahr wäre, daß das Talent und der Verstand nur mit den Jahren komme – will nicht Hr. *B.* gelegentlich seinen Taufschein beybringen, damit man sehen könne, ob denn gegen ihn jene Männer so entschieden *Jungen* sind.

J. G. Fichte, Rezension zu C. G. Bardilis ›Grundriß der ersten Logik‹, Oktober 1800

Christoph Gottfried Bardili & Johann Gottlieb Fichte

Mich selbst hatte der Rechner Bardili, als ich seine verkehrte Logik noch einmal durchgrübelte, mit seiner logischen Schamanerei schon so bei einem Haare, wie mich auch der Quasi-Moralist Fichte um ein Haar zu seinem Ich-Fetischismus bekehrt hätte, als ich zum zweiten Male als Wissenschaftsschüler in sein dumpfes Heiligthum eindrang.

F. Bouterwek an F. H. Jacobi, 24. Februar 1801

Jean Paul

Gedanken und Gefühle, die zu ungeheuren Bäumen auswachsen würden, wenn er sie ordentlich Wurzel fassen und mit allen ihren Zweigen, Blüten und Blättern sich ausbreiten ließe: diese rupft er aus, wenn sie kaum noch kleine Pflänzchen, oft sogar noch bloße Keime sind, und ganze Geisteswälder werden uns solchermaßen, auf einer gewöhnlichen Schüssel, als Gemüse vorgesetzt. Dieses ist nun eine wundersame, ungenießbare Kost; denn nicht jeder Magen kann junge Eichen, Zedern, Palmen und Bananien in solcher Menge vertragen.

H. Heine, Die romantische Schule, 3. Buch, III, 1836

Jean Paul wußte sehr viel, aber hatte keine Wissenschaft, … besaß Gefühl und Ernst, goß aber, wenn er davon zu kosten gab, eine widerliche Tränenbrühe darüber…weshalb er den Leser gerade durch seine Witzlosigkeit zur Verzweiflung treibt. Im ganzen war er das bunte, starkriechende Unkraut, welches über Nacht auf den zarten Fruchtfeldern Schillers und Goethes aufschoß; er war ein guter Mensch, und doch ein Verhängnis, – ein Verhängnis im Schlafrock.

F. Nietzsche, Menschliches, Allzumenschliches,
2. Band, Aph. 99, 1878

Johann Gottlieb Fichte

Fichtes *Tätigkeit* um der *Tätigkeit* willen ... ist zu exemplifizieren durch Einen, der herumspringt und sich mit der Ferse in den Hintern schlägt.

A. Schopenhauer an Ch. Frauenstädt, 26. März 1854

Fichte zuzuhören wird mir nachgerade unerträglich. Es ist mir, wie einem, der mit verbundenen Augen, überall anstoßend und stolpernd, einem Führer kaum folgt, der ihn zu einer schönen Aussicht zu führen verspricht.

A. Twesten an Ch. A. Brandis, 25. März 1811

Ich staune über die aufgepflanzte Fichte [er veröffentlichte eine literarische Übersetzung]. Da er in seinem Leben manches Ungereimte gesagt, so ist es wohl gut, daß er sich aufs Reimen legt.

K. L. v. Knebel an J. W. Goethe, 15. Januar 1810

Höchst komische, kleine, lahme Figur mit versoffner Nase ... und Gamaschen.

J. v. Eichendorff, Tagebuch, 16. Dezember 1809

Johann Gottlieb Fichte

Fichte hat sich wieder vernehmen lassen. … Auf Schelling hat er, nämlich auf die Naturphilosophie, grausam losgezogen, ihm auch sein Plagiieren vorgeworfen. – Überhaupt wütet er gegen die Schwärmerei.

F. Schlegel an A. W. Schlegel, 22. Juni 1806

Wann ist denn die Philosophie, die Wissenschaft des Menschlichsten, Freiesten, Mitteilbarsten und Öffentlichsten zur Geheimniskrämerei geworden? Es ist kein gutes Zeichen für die *Wissenschaftslehre*, daß eine Einweihung, statt einer Exposition der Begriffe und Ideen, dabei statt finden soll. Kant gab … Fichte den Rat, die *Kritik der reinen Vernunft* zu studieren, allein Fichte hat diesen Rat nicht befolgt; er will lieber in einem logischen Spinnengewebe hängen bleiben, als echte lebendige und durchgreifende Philosophie lehren.

aus: Der europäische Aufseher, 17. Mai 1805

Daß Herr Fichte einen gegründeten Ruhm habe, der durch wahre Verdienste um die Philosophie entstanden wäre, kann ich nicht zugeben. Sein Ruhm ist sehr ephemerisch, und ist jetzt ganz gesunken. … Zu der geringen Meinung von Herrn F's. Philosophie … hat nicht wenig beigetragen, daß deutlich eingesehen worden ist, wie wenig neue und feste Ideen darin sind; daß er, ob er gleich mit großem Ungestüm verhieß, er wolle alle andre philosophische Idee ausrotten, dennoch selbst nichts Neues und Originales hervorbrachte, sondern daß alles auf eine sehr falsche Erklärung und Erweiterung des Kantischen Systems, vermittels einseitiger Einbildungen und eines sehr plumben Idealismus, herauslief.

F. Nicolai, Nicolais Leben und literarischer Nachlass, 1820

Berlin ist also jetzt der einzig glückliche Ort in der Welt, wo *das Rätsel der Welt und des Bewußtseins* für 2 Friedrichsd'or *vollständig gelöst wird* ! [man muß nur] der Kommandantenstraße zu Berlin ... zuströmen, um sich von Herrn Fichte von der gemeinen Philosophie befreien zu lassen ...

Neue Allgemeine Deutsche Bibliothek, Intelligenz-Blatt d. 86. Bd., 1. St., H. 4, Januar 1804

Fichte verachtet ihn [Schelling] schon als einen seichten und konfusen Kopf!

C. G. Brinkman an F. Schleiermacher, 29. November 1803

Sie müssen mir verzeihen, wenn ich sage, daß durch Ihr ganzes Schreiben ein völliges Mißverständnis meiner Ideen geht. ... Ruhig über das Ende und meiner Sache für mich gewiß, überlasse ich vorläufig gern einem jeden selbst, unser Verhältnis herauszufinden; ... So ist erst dieser Tage ein Buch von einem sehr vorzüglichen Kopf erschienen, das zum Titel hat: *Differenz des Fichteschen und Schellingschen Systems der Philosophie* [von Hegel], an dem ich keinen Anteil habe, das ich aber auch auf keine Weise verhindern konnte.

F. W. J. Schelling an J. G. Fichte, 3. Oktober 1801

Salomon Maimon

Der die schlaue Gewohnheit hat, in den Gesellschaften, die er besucht, den Leuten ihre Lebensgeschichte abzufragen: die er hernach unter verschiedenen Titeln ... dem lese-gierigen Publikum zutrinkt. Und so hat er schon mehrere Leben zu Ende geschrieben: und keines, bis jetzt leider! zu Ende gelebt: im Gegenteil *verlängert* er ... sein sehr *entbehrliches* Dasein durch diese *literarischen Totschläge* und *Leichenbegängnisse anderer.*

D. Jenisch, Der allezeit-fertige Schriftsteller, 1797

Jakob Friedrich Fries

Ich kenne den Fries längst, daß er über die Kantische Philosophie insoweit hinaus gekommen ist, als er sie bei ihrer allerletzten Seichtigkeit aufgefaßt hat und sie selbst redlich und fortwährend in dieselbe verflächt und verwässert. Die Paragraphen seiner *Logik* sind ... gänzlich seicht, geistlos, kahl, trivial, das saloppeste unzusammenhängendste Kathedergewäsch, das nur ein Plattkopf in der Verdauungsstunde von sich geben kann.

F. W. G. Hegel an D. I. Niethammer, 10. Oktober 1811

Friedrich Schlegel

Dieser Mensch thut durch sein Uebertreiben der Ehre der guten Sache allenthalben viel schaden. Es könnte, denk ich, nicht schaden, gelegentlich sein beständiges Rufen über die großen Dinge, die da geschehen, während er selbst doch von allem diesem nichts gethan hat, in das gehörige lächerliche Licht zu stellen.

J. G. Fichte an F. W. J. Schelling, 15. November 1800

(Dies durchaus sub rosa, daß es kein Schlegel, u. kein Ungeweihter wittere!) Wir, d.h. *Sie u. ich,* aber kein andrer, haben alle Aussicht Göthe, u. Schiller für die Ausführung eines größern Plans mit uns zu vereinigen. Die Ausführung überlassen Sie nur mir.

J. G. Fichte an F. W. J. Schelling, 15. November 1800

Statt des echten wissenschaftlichen Geistes geht der poetische und philosophische Dilettantismus nun aus dem Kreis der Schlegel auch unter die Studenten über. … Durch vier Stunden aber, die ich gehalten, war er bereits totgeschlagen.

F. W. J. Schelling an J. G. Fichte, 31. Oktober 1800

Der arme F. Schlegel, in den Schmerzen unserer Zeit sah er nicht die Schmerzen der Wiedergeburt, sondern die Agonie des Sterbens, und aus Todesangst flüchtete er sich in die zitternden Ruinen der katholischen Kirche.

H. Heine, Die romantische Schule, 2. Buch, I, 1836

Friedrich Schlegel,
Daniel Friedrich Schleiermacher &
Karl Leonhard Reinhold

Auch weiß ich selbst seit Langem sehr wohl, wo eigentlich der Grund dieser und anderer Differenzen zwischen uns liegt. Eben da, wo der Grund des Mißvergnügens Anderer mit dem transzendentalen Idealismus liegt, und warum *Schlegel* und *Schleiermacher* von ihrem verworrenen Spinozismus, und der noch verworrenere *Reinhold* von seinem Bardilianismus plaudert.

J. G. Fichte an F. W. J. Schelling, ca. 27. Dezember 1800

Johann Gottfried Herder

Jetzt finden wir in einem erbärmlichen Wisch *Blepsidemus* [von J. A. Kanne], daß er meinen Mann einen *literarischen Selbstmörder* genannt hat.

K. Herder an K. L. v. Knebel, 27. März 1802

Wilhelm Traugott Krug

Von *Krug* habe ich nur überhaupt gewußt, daß er ein schlechtes Subjekt sey, und Bissen seiner Philosophie aus den lobpreisenden Recensionen der Neuen Deutschen Bibliothek vernommen. Für so erbärmlich hätte ich doch ein Erdenkind in unsrer Zeit kaum gehalten.

J. G. Fichte an F. W. J. Schelling, 15. Januar 1802

46

Joseph v. Görres

In dem Vortrage des Mannes herrschte, wie in seinen Büchern, die größte Confusion, die größte Begriffs- und Sprachverwirrung … Er gleicht wirklich einem ungeheuren Turm, worin hunderttausend Gedanken sich abarbeiten und sich besprechen und zurufen und zanken, ohne daß der eine den andern versteht. Manchmal schien der Lärm in seinem Kopfe ein wenig zu schweigen, und er sprach dann lang und langsam und langweilig, und von seinen mißmütigen Lippen fielen die monotonen Worte herab, wie trübe Regentropfen von einer bleiernen Dachtraufe.

Wenn manchmal die alte demagogische Wildheit wieder in ihm erwachte und mit seinen mönchisch frommen Demutsworten widerwärtig kontrastierte; wenn er christlich liebevoll wimmerte, während er blutdürstig wütend hin und her sprang: dann glaubte man eine tonsurierte Hyäne zu sehen.

H. Heine, Die romantische Schule, 2. Buch, III, 1836

Georg Wilhelm Friedrich Hegel

… in dem ich nur einen castrierten Fichte sehen kann.

F. Schlegel an F. v. Baader, 29. August 1821

Hat sich kürzlich Herr Schelling in Verbindung mit einem weltberühmten Herrn Hegel glücklicherweise entschlossen, dem hilfsbedürftigen Zustand, in welchem sich die neueste Philosophie befindet, großmütig aufzuhelfen.

*[W. T. Krug], Wie der ungemeine Menschenverstand
die Philosophie nehme, 1802*

Georg Wilhelm Friedrich Hegel

Köppen meldete mir zugleich das Erscheinen des ersten Heftes eines neuen, von Schelling und einem mir ganz unbekannten Herrn Hegel herausgegebenen *Kritischen Journals der Philosophie*, worin ein gewaltiger Zorn herrschen soll.

F. H. Jacobi an F. Bouterwek, 22. März 1802

Hegel schikaniert, wo er kann, wie er neulich bei Promotion des jungen [Immanuel Hermann] Fichte gezeigt hat.

L. Rödiger an J. F. Fries, November 1819

Von Hegel liest und hört man schreckliche Dinge. Lies doch die Vorrede zu seiner *Staatslehre*, worin er gegen mich und Fries spricht. Die Verleumdung kann nicht boshafter auftreten, als hier geschieht.

W. M. de Wette an D. F. Schleiermacher, 30. Dezember 1820

Hegels metaphysischer Pilz ist ja nicht in den Gärten der Wissenschaft, sondern auf dem Misthaufen der Kriecherei gewachsen. … Wissenschaftlicher Ernst wird gegen diesen Propheten unter den Bütteln nicht die rechte Waffe sein.

J. F. Fries an L. Rödiger, 6. Januar 1821

Hegel seinerseits fährt fort … auch in Vorlesungen über meine tierische Unwissenheit zu schimpfen und Marheinekes Theologie ausschließend zu empfehlen.

D. F. Schleiermacher an W. M. de Wette, Sommer 1823

Der Eindruck, den Hegel in mir zurückgelassen hat, war tief, aber verworren. ... Hegel läßt mit Mühe nur selten tiefe, etwas rätselhafte Worte fallen; ... verlegene Diktion, starres Antlitz, umwölkte Stirn – das Bild des in sich selbst zurückgewendeten Gedankens.

V. Cousin, Über deutsche und französische Philosophie, 1834

Hegel hat sich vom Vater-Polypen Schelling abgelöset; wiewohl man alle diese nach einander abgehenden Arm- und Kopf-Polypen leicht wieder in den Vater-Polypen stecken kann.

Jean Paul an F. H. Jacobi, 6. September 1807

Ins Ungeheuerliche wuchs seine Staatslehre mit dem Fundamentalsatz *Das Wirkliche ist vernünftig und alles Vernünftige ist wirklich,* womit allen Bestrebungen nach Verbesserung gegenwärtiger Zustände, vor allem nach persönlicher, sowie nach erweiterter politischer Freiheit ... die Spitze abgebrochen, Begeisterung dafür als gehaltloser Schaum und kindische Großsprecherei gebrandtmarkt wurde.

E. Förster, Aus der Jugendzeit, 1887

›Da zeigte sich Monsieur Nichtwisser!‹

A. Schopenhauer in seiner Berliner Disputation, Frühjahr 1820

Hegel ... bleibt aber doch ein dialektischer Vampir des inneren Menschen.

Jean Paul an seinen Sohn Max, 20. Februar 1821

Georg Wilhelm Friedrich Hegel

Der eine Sprache redete, die mir Sterblichen verschlossen schien. Ich bewunderte die Studenten, welche lautlos, als ob die Sphinx ihren mysteriösen Mund geöffnet habe, zu seinen Füßen saßen und offenbar, was er sagte, verstehen mußten. ... So kümmerte ich mich denn um Hegel bei allem Respekt vor ihm nicht weiter ...

K. Rosenkranz, Von Magdeburg bis Königsberg, 1873

Sie wissen, Hegel war in den letzten Zeiten ganz absolutistisch, und die öffentlichen Bewegungen fanden bei ihm den stärksten Widersinn.

K. Varnhagen v. Ense an K. Rosenkranz, 24. April 1840

Hegels *Enzyklopädie* hat nur die Melodie des Tiefsinns, auch ebenso gewiß eine Menge falsches häßliches Zeug.

L. v. Ranke an K. Varnhagen v. Ense, 10. März 1828

›Sagen Sie mir doch, wer ist der dumme Kerl hier neben mir ?‹, Felix [Mendelssohn-Bartholdy] hielt einen Augenblick sein Taschentuch vor den Mund, dann flüsterte er: ›Der dumme Kerl da neben Ihnen ist der berühmte Philosoph Hegel.‹

Th. Devrient, Lebenserinnerungen, Brief vom 21. März 1829

Diese Dialektik des Begriffs ist wie ein trockenes Feuer der Intelligenz, das alles feuchte Leben der Natur aussaugt und ... ein gespenstisches Schema hinstellt. Der frische, lebenswarme Frühlingshauch, der überall in der Schellingschen Naturphilosophie wehet, ist durch eine Wissenschaft der Logik ersetzt, die am Ende des Systems die Bedeutung der spekulativen Theologie erfüllt.

E. v. Lasaulx an J. v. Görres, 15. Mai 1831

Herr Hegel, ein neulichst berühmt werden wollender Philosoph, in dessen Innerem sich auch schon die *Agilität des Geistes wacker hin und her bewegt,* will in einer besonderen Schrift [die *Differenzschrift,* 1801] des breiteren auseinandersetzen, ... daß Fichte und Schelling voneinander *differieren.*

Neue Allgemeine Deutsche Bibliothek, Bd. 68, Vorrede, 1802

Wenn nur der verwünschte Hegel beßer schriebe; ich habe oft Mühe ihn zu verstehen.

F. H. Jacobi an K. L. Reinhold, 10. August 1802

Dieselbe Art Mensch, die für Hegel geschwärmt, schwärmt heute für Wagner.

F. Nietzsche, Der Fall Wagner, 10, 1888

Friedrich Wilhelm Joseph Schelling, Johann Gottlieb Fichte & Co.

Diese ganze Sippschaft ist rein toll; man muß sie unter einander sich die Hälse brechen und toben laßen, bis sie umfallen.

F. H. Jacobi an K. L. Reinhold, 10. August 1802

Johann Gottlieb Fichte & Friedrich Schlegel

Fichte und beide Schlegel wollen nach Berlin und selber eine Rezensier-Arsenikhütte anlegen.

Jean Paul an K. A. Böttiger, 23. Februar 1800

Friedrich Nicolai

Nicolai sagte mir, er [Fichte] schweige im Klub. Ich wollte, Nicolai tät' es – so zeit-mörderisch erzählt niemand wie er.

Jean Paul an Ch. Otto, 26. August 1800

Friedrich v. Schiller

… oder der Moral-Trompeter von Säckingen.

F. Nietzsche, Streifzüge eines Unzeitgemäßen,
Aph. 1, 1873

Friedrich Wilhelm Joseph Schelling, Johann Gottlieb Fichte & Co.

In der neuesten Schule frisset, weil sie geistig und leiblich nichts zu leben haben, jeder den andern, wie jetzt Schelling Fichten, der Neuste den Neuen, jedes Geschöpf seinen Schöpfer. Wodurch die schmutzige leere Seite dieser Schule bald einfallen wird.

Jean Paul an K. Herder, 22. April 1802

Friedrich Wilhelm Joseph Schelling

Der Schelling ist, wie Sie wissen, 38. Bundesmitglied [im *Deutschen Bund*]. Die ganze deutsche Polizei steht zu seiner Disposition, wovon ich selbst einmal als Redakteur der *Rheinischen Zeitung* die Erfahrung gemacht habe.

K. Marx an L. Feuerbach, 3. Oktober 1843

Die Schellingsche Philosophie, die zu keinem immanenten, springenden, sondern nur zu dem hinkenden und podagristischen Unterschied des Quantums kam.

L. Feuerbach an K. Daub, 29. Januar 1825

Sein Ehrgeiz, der gleich nach seiner Berufung nach München erwachte, hat den Philosophen in ihm langsam getötet; er wollte etwas andres, und dazu die Philosophie gebrauchen.

K. Varnhagen v. Ense, Tagebuch, 23. April 1852

Friedrich Wilhelm Joseph Schelling

›Ja, ja, merkwürdig, wofür alles sich der Schelling interessiert‹, meinte Varnhagen etwas unvermittelt. Es war zu viel in seinem Kopf und zu viel Weitschweifendes und Fernabliegendes. Aber das gerade gefällt dem König [Friedrich Wilhelm IV.] … Alle Welt war gespannt, und als Schelling seine ersten Vorlesungen hielt … lauschte man mit ungeduldiger Andacht auf das spezifisch Schellingsche, auf die ›Offenbarung des Absoluten‹. Statt dessen waren seine Reden ausgeblasene Eier, längst bekannte unmögliche Postulate einer phantastischen Intuition. Man kann aber in der Philosophie mit Gewaltsamen nichts ausrichten.

M. Lazarus, Lebenserinnerungen, 1906

Er will die Sprache des Pathos zur absolut wissenschaftlichen erheben. … Er ist nicht mehr fähig, sich im reinen Denken auch nur eine kurze Zeit zu bewegen; jeden Augenblick laufen ihm die märchenhaftesten, bizarrsten Phantome über den Weg, daß die Rosse seines Gedankenwagens scheu sich bäumen und er selbst sein Ziel liegenläßt, um jenen Nebelgestalten nachzujagen.

F. Engels, Schelling und die Offenbarung, 1842

Ist es Zufall oder Absicht gewesen, daß Sie [in der Rede zur Enthüllung des Herbart-Denkmals in Oldenburg] bei der Aufzählung der Heroen unserer deutschen Philosophie Schelling ausgelassen haben? Es ist wahr, er ist abgefallen.

H. Löwe-Kalbe an M. Lazarus, 2. August 1876

Johann Gottlieb Fichte

Fichte gab das Signal, alle, die sich nicht bücken wollten ... wie Dummköpfe zu behandeln, die ihn nur nicht
zu verstehen vermöchten.

H. G. Paulus, Conversations-Saal, 1837

Nennen sie [die Fakultätsphilosophen] nicht noch
durchgängig und höchst skandalöser- und ehrenrühri-
gerweise den Windbeutel Fichte stets neben Kant als
ungefähr seinesgleichen?

A. Schopenhauer, Über die Universitäts-Philosophie, 1851

Georg Wilhelm Friedrich Hegel

Die sogenannte Philosophie dieses Hegels ist eine ko-
lossale Mystifikation, welche noch der Nachwelt das
unerschöpfliche Thema des Spotts über unsere Zeit lie-
fern wird, eine alle Geisteskräfte lähmende, alles wirkliche Denken erstickende und mittelst des frevelhafte-
sten Mißbrauchs der Sprache an dessen Stelle den
hohlsten, sinnleersten, gedankenlosesten, mithin, wie
der Erfolg bestätigt, verdummensten Wortkram set-
zende Pseudophilosophie.

A. Schopenhauer, Die beiden Grundprobleme
der Ethik, Vorrede I, 1839

Um Hegeln, diesen Philosophen des Tages, bekümmert
man sich also wirklich fast gar nicht außerhalb
Preußens, in dessen Bezirk seine künstliche Existenz
nur von einer höheren Aegide erhalten und beschirmt
wird.

J. B. Jäsche an J. F. Herbart, 29. März 1831

II. Flegeleien nach der Hegelei

Georg Wilhelm Friedrich Hegel

Immer, wenn ich die *Phänomenologie des Geistes* aufschlug, dachte ich, ich öffnete die Fenster eines Irrenhauses.

A. Schopenhauer, Die Welt als Wille und Vorstellung, 1819

Friedrich Schlegel

Ja, der neidische alte Tieck. Ein häßliches Bild. ... Da ist mir Schlegel noch lieber. Auch er war ein Neidhammel, aber das Kindische seiner Eitelkeit hatte wieder etwas Gutmütiges.

D. F. Strauß an E. Rapp, 24. Januar 1853

Friedrich Daniel Schleiermacher

Neben Lotzes *Mikrokosmos* bildet meine Tages- und Selbstlectüre Schleiermachers *Dialectik*. Könnte ich nun sagen, daß mich diese für das Ungenügende von jener entschädigte, so wäre es gut; aber ich kann es nicht sagen. Sie ist so abstrus und ungenießbar wie alle diese nachgelassenen Vorlesungen Schleiermachers sind. … Mir ist beim Lesen des in Rede stehenden Buches, als ginge ich auf einen halsbrechenden Weg, der an einzelnen Stellen durch reizende Aussichten überrascht, während man größtenteils genug zu tun hat, auf den Boden zu sehen, um nicht den Hals zu brechen. … ein wahres Kauderwelsch, eine Art Chiffrensprache.

D. F. Strauß an E. Zeller, 9. Dezember 1865

Friedrich Carl Forberg

… der einst neben Fichte viel genannt wurde, in den Händeln wegen des … Atheismus, und der dann vom literarischen Schauplatze ganz verschwand, der angehende Philosoph endete in einem Philister-Beamten.

K. Varnhagen v. Ense, Tagebuch, 29. September 1857

David Friedrich Strauß

Strauß war das Schlimmste, was man damals denken konnte, und es ist vorgekommen, daß ein unglücklicher Russe, der in Deutschland orthodoxer Professor geworden war, Strauß eigens in Augenschein nahm, um sich zu überzeugen, ob er noch einem Menschen ähnlich sehe.

A. Ruge, Zwei Jahre in Paris, 1846

Max Stirner

Neue Wendung in der deutschen Philosophie. Stirner bleibt weit zurück. An die Stelle des ›Einzigen‹ ist das *Individuum* getreten. ... Es sei unexplicierbar, unerfaßlich, und gar nichts Andres als Das Individuum.

R. Daniels und H. Bürgers an das Brüsseler
Korrespondenzkomitee, Mai/Juni 1846

Der hohlste und dürftigste Schädel unter den Philosophen mußte die Philosophie damit ›verenden‹ lassen, daß er seine Gedankenlosigkeit als das Ende der Philosophie und damit als den triumphierenden Eingang in das ›leibhaftige‹ Leben proklamierte. Seine philosophierende Gedankenlosigkeit war ja schon von selbst das Ende der Philosophie, wie seine unaussprechliche Sprache das Ende aller Sprachen.

K. Marx / F. Engels, Die deutsche Ideologie, 1845

Arnold Ruge

Aufgebläht wie ein Frosch mit hegelscher Weisheit – auf einmal bemerkt, daß es nicht gehe – nun geplatzt, und da kommt der wahre Inhalt zum Vorschein – alter schlechter Nicolaitismus, alt-berlinische Aufklärerei, die, weil zu abschreckend, mit ekelhaftem Zynismus.

F. W. J. Schelling, Tagebuch 1848

Arnold Ruge

Er ist persönlich eigentlich harmlos – aber fanatisch und wird, glaube ich, von andern gemißbraucht. Er verdirbt ihnen dafür durch seine Hitze ... ihre feineren Pläne, und das geschieht den Herren recht.

K. Rosenkranz an A. Jung, 2. Dezember 1848

Ludwig Feuerbach

Mit Feuerbach's Leistungen bist Du unzufrieden, wie ich höre. Natürlich, weil er nicht mehr konsequent und völlig zum Sozialismus fortschreitet. Indessen er hat es ja freiheraus gesagt in seinen Supplementen: er beschäftige sich mit der Pathologie der Kopfkrankheiten, die ja oft Ursache für Magenleiden seien. Und deshalb wirst Du ihm wohl keinen Vorwurf machen.

A. H. Ewerbeck an K. Marx, 14. August 1846

Hendrik Steffens

Steffens, meinte der König [Friedrich Wilhelm IV.], sei doch eigentlich nicht stark genug [für diverse königliche Meriten], weder als Philosoph noch als Naturforscher.

K. Varnhagen v. Ense, Tagebucheintrag, 26. Juni 1842

Philipp Konrad Marheineke

Stellt sich ganz den Junghegelianern zur Seite, die bisher in Broschüren und Zeitungsartikeln gegen Schelling aufgetreten sind; es ist nichts als ein Beitrag zu jener Schmäh- und Verdrehliteratur, was er hier liefert. Dieselbe rüde Auffassung, dieselbe ordinäre Witzelei gegen unverstandene Dinge, die wir in den Schriften der Junghegelianer bemerken konnten. ... Für die Wissenschaft ist nichts damit getan, und es möchte schwerlich der Mühe lohnen, sich auf eine Widerlegung einzulassen. Dagegen ist der Ingrimm, der diesen Angriff diktiert hat, psychologisch interessant, indem er allerdings von der Todesangst einer Partei Zeugnis gibt, die nachgerade einsehen lernen muß, daß der Geist der Zeit den Schleier des Formelkrams ... unerbittlich hinwegziehen wird.

F. W. J. Schelling, Kalendereintrag 1843

Der alte Marheineke scheint es für nötig gehalten zu haben, die gänzliche Impotenz des Althegeltums vor aller Welt zu dokumentieren. Sein Votum [Vorlesungsankündigung 1842] ist ein Schandvotum.

K. Marx an A. Ruge, 9. Juli 1842

Marheineke hat auch einen Feldzug in den kritischen Blättern, mehr gegen Savigny als gegen Stahl vollführt. ... Das Ende der Philippika ist sehr beredt, im Klimax von den Rationalisten durch Sankt Hegel zu Galilei. ... Cäsareopapie, Territorialsystem, ja die ›Autorität von *bestimmten positiven Lehrinhalten*‹, die M. herbeiwünscht, sind mir Gräuel oder Karneval-Freuden.

A. v. Humboldt an K. Varnhagen v. Ense, 18. März 1840

Carl Ludwig Michelet

Dieser getreueste und vielseitige Hegelianer ... galt aber selbst innerhalb der Schule nicht viel. Auch in der Universität spielte er eine wenig beneidenswerte Rolle. Er mischte sich [bei den Disputatorien] viel mehr ein, als der Leiter darf, und wenn er die vorgetragenen Ansichten rekapitulierte, so verwirrte er sie durch Zufügung seiner Gründe gewöhnlich so, daß der Redner sich verwahrte und erklärte, lieber ins gegnerische Lager überzugehen. Dasselbe wiederholte sich, wenn Michelet zu Beginn der Stunde eine Art Protokoll über die vorhergehende gab. Jeder von den Genannten sah sich veranlaßt, Einspruch gegen das Referat zu erheben. ... Die Folge freilich war, daß die Studenten in Scharen kamen, um sich zu amüsieren, sie gingen wie ins Theater.

M. Lazarus, Lebenserinnerungen, 1906

Karl Rosenkranz

Haben Sie Rosenkranz' Komödie [*Das Centrum der Speculation*, 1840] gelesen? Der sollte doch ja das Dichten lassen!

E. Meyen an A. Ruge, 20. Mai 1840

Victor Cousin

Herr Cousin hat sehr viel geistreiches Wischiwaschi, aber keine deutsche Philosophie vorgetragen.

H. Heine, Die romantische Schule, 2. Buch, III, 1836

… Cousin, welchem Heinrich Heine damals [1835] sehr feindlich gesinnt war. Dies wäre ein falscher Gelehrter, welcher sich mit den Federn aller deutschen Philosophen schmückte.

C. Jaubert, Heine. Erinnerungen, 1884

Pierre-Joseph Proudhon

Daß Proudhon seit 1847 den Übergang von Hegel zu Stirner so vollständig gemacht hat, ist auch ein Fortschritt. Sage noch, daß er die deutsche Philosophie nicht versteht, wenn er sie bis auf die letzte Verfaulungsphase an seinem Kadaver durchmacht!

F. Engels an K. Marx, 11. August 1851

Von den bogenlangen Kontroversschriften zwischen Proudhon, Louis Blanc und Pierre Leroux habe ich selten etwas Andres, als den Proudhon'schen Unsinn gelesen. Der reitet aber … von einem Blödsinn zum andren. Seine Gesellschaft ohne Staat, in die er durch seinen credit gratuit hineinspringen will, harmonieren trefflich mit einander.

J. Weydemeyer an K. Marx, 2. Januar 1850

Robert Prutz

Und hätte Dr. Prutz in Halle in seinem verpönten *Moritz* auch nichts geschrieben, als was der Narr S. 40 vom Volke sagt, ›dem man zwei Bissen geben soll, damit es mit dem Schwanz wedelnd sich in seine kalte Höhle verkrieche‹.

A. v. Humboldt an K. Varnhagen v. Ense, 2. September 1844

Karl Marx

Marx ist ein höchst geistvoller, aber schroffer Mann, der große Diktatorgelüste hat, und von dem Heine sagt: Indes ist der Mensch bei alledem wenig, wenn er nichts als ein Scheermesser ist.

M. Carrière an K. Varnhagen v. Ense, 11. Oktober 1851

Ferdinand Lassalle

Er scheint sich ganz anders zu nehmen, wie wir ihn nehmen; er hält sich für weltbezwingend, weil er rücksichtslos in einer Privatintrigue, als ob ein wirklich bedeutender Mensch 10 J. einer solchen Bagatelle opfern würde.

K. Marx an F. Engels, 5. März 1856

Lassalle leidet öffentlich an der Schwindsucht und befindet sich inkognito sehr wohl. … Die Gräfin [Hatzfeldt] soll wie eine Levkoje blühen, übrigens aber den Weg allen Fleisches gehen, namentlich da die Alimentationsgelder bald aufhören.

G. Weerth an K. Marx, 2. Juni 1850

Der Lassalle ist offenbar daran kaputtgegangen, daß er das Mensch [Helene v. Dönniges] nicht sofort in der Pension aufs Bett geworfen und gehörig hergenommen hat, sie wollte nicht seinen schönen Geist, sondern seinen jüdischen Riemen [räusper, räusper]. Es ist eben wieder eine Geschichte, die nur dem Lassalle passieren konnte.

F. Engels an K. Marx, 7. November 1864

… leuchtet die irrationale Größe Lassalles hervor.

F. Nietzsche an C. v. Gersdorff, 16. Februar 1868

Karl Rosenkranz

Nichts gedankenloser als die deutschen Systematiker, Systemmacher und Schwätzer im Ton der seligen Apokalypse von Schelling bis Rosenkranz.

A. Ruge, Zur Verständigung der Deutschen und Franzosen, 1843

Der elende Rosenkranz durch Auerswald hierherberufen [nach Berlin] – für Kirche und Unterrichts-Ministerium.

F. W. J. Schelling, Jahreskalender 1848

Heinrich Heine

Du glaubst nicht, wie radikal der Fuchs unter vier Augen ist, gerade wie Schelling in Karlsbad. Diese Lumpen! Und das Komische, daß er sich fürchtet, nach Deutschland zu gehen. Er bildet sich ein, man würde ihm die Ehre antun, ihn ins Gefängnis zu setzen, und so witzig er über andere judiziert, über sich selbst hat er weder Witz noch Judizium.

A. Ruge an L. Ruge, 27. August 1843

Meine früheren Freunde, die Hegelianer, haben sich als Lumpen erwiesen.

L. Kalisch im Gespräch mit H. Heine, 20. Januar 1850

Franz v. Baader

… daß ich neben Böhme und Schelling auch noch Baader las, und dessen aphoristische Gedanken, wie in Fett gebratene Schwämme in den Ratten, in mir aufquellen ließ.

D. F. Strauß an Th. Vischer, 8. Februar 1838

Arthur Schopenhauer

Wir haben … bisweilen von dem verrückten Dr. Schopenhauer gesprochen.

K. F. Köppen an K. Marx, 3. Juni 1841

Zwar ist gerade das Systematische die schwächere Seite des Mannes, aber eben deswegen vielleicht waren mir die Bücher genießbarer.

D. F. Strauß an E. Zeller, 20. Mai 1866

III. Philister schelten

Carl Heinrich Bachmann

Als eine neue Übung meiner Kraft habe ich eine *polemische* Schrift unter Händen [*Hegel. Sendschreiben an Prof. Bachmann*, 1834] gegen Prof. Bachmann aus Jena, der es zu unverschämt gemacht hat. ... Jeden Tag lasse ich mir ein Quantum Galle gegen den Philister ab.

K. Rosenkranz an K. Varnhagen v. Ense, 7. Januar 1834

Herr Bachmann ist kein Paris und Hegel, der mich im Styx seiner Logik gebadet, glücklicherweise keine Thetis.

K. Rosenkranz an K. Varnhagen v. Ense, 28. Mai 1837

Bruno Bauer

Er ist durch und durch altjunggesellig. ... Seine Vornehmtuerei und Abgetansein mit der Welt auf der einen Seite, und seine kindische Neugier und bäuerliche Überraschung über everything und anything andererseits, bilden einen keineswegs erquicklichen Kontrast.

K. Marx an F. Engels, 12. Februar 1856

Ludwig Feuerbach & Karl Marx

Wenn ich rasch jenen Weg [der sozialen Frage] als für mich ungangbar erkannte, so bewirkte das namentlich der Einfluß der flachen negativen und positivistischen Denkweise, welche aus den führenden Geistern des Sozialismus sprach. Der Bahn Feuerbachs und Marx' zu folgen, das war mir sowohl seelisch als wissenschaftlich unmöglich.

R. Eucken, Lebenserinnerungen, 1922

Arnold Ruge

Der alte Esel Ruge hat, wie ich höre, einen Versuch gemacht, seine *Deutschen Jahrbücher* wieder aufzuwärmen. So weit, daß diese wieder möglich werden, wird die Geschichte nicht zurückgehen.

K. Marx an F. Lassalle, 21. Dezember 1857

Ruges Antrag, und die Plumpheit, mit der er Dir gleich das Totschlagen seines Halleschen Rivalen (in Betreff des Auditoriums) empfiehlt, mußt Du nur richtig, nämlich komisch, nehmen.

D. F. Strauß an E. Zeller, 8. Januar 1839

Alexander Jung

Unser Dr. *ecstaticus*, wie wir hier Herrn Dr. Jung zu nennen pflegen, tut mir ungemein leid. Er ist ein Mann von den höchsten Anlagen, von den großartigsten Intentionen, aber seine objektive Bildung wie sein …

Produzieren sind seiner subjektiven Tiefe nicht gleich;
... daß er einige Absurditäten als Tiefsinnigkeiten ver-
göttert.

K. Rosenkranz an K. Varnhagen v. Ense, 25. Oktober 1854

Moritz Carrière

C. hat entschiedenes Talent; Gott bewahre ihn nur vor
belletristischer Zerstreuung und Berliner Süffisance.

K. Rosenkranz an K. Varnhagen v. Ense, 19. März 1839

Ernst v. Lasaulx

Lasaulx in München, von der Baader'schen Zunft, war
mir nur als ein Mann der Kreuzzeitung und Schubert'-
schen Dunkelwelt bekannt ...

A. v. Humboldt an K. Varnhagen v. Ense, 7. Februar 1857

Rudolf Haym

Ich war empört über die unsinnigen, rohen Angriffe
gegen Hegel [in *Hegel und seine Zeit*, 1857], die unter der
Larve geschichtlicher und philosophischer genauer
Forschung hämisch und frech hervortreten. Der An-
greifer zeigt überdies das Bild eines verräterischen
Überläufers, der noch im Rock und mit den Waffen
dessen, dem er sie schuldet, gegen ihn ficht. Alles hat
er von Hegel, sogar die Papiere, welche die Familie ein-
fältigerweise ihm überliefert hat!

K. Varnhagen v. Ense an K. Rosenkranz, 16. Februar 1858

Ferdinand Lassalle

Der krause Juddekopp muß sich über dem roten Schlafrock und der Marquisen Draperie, wo bei jeder Bewegung der polnische Schmuhl durchguckt, sehr reizend ausnehmen.

F. Engels an K. Marx, 14. April 1856

Er war immer ein Mensch, vor dem man höllisch aufpassen mußte, als echter Jud von der slavischen Grenze war er immer auf dem Sprunge, unter Parteivorwänden jeden für seine Privatzwecke zu exploitieren. Dann diese Sucht, sich in die vornehme Welt einzudrängen, ... wenn auch nur zum Schein, den schmierigen Breslauer Jud mit allerhand Pomade und Schminke zu übertünchen, waren immer widerwärtig.

F. Engels an K. Marx, 7. März 1856

Was seinen Privat-Charakter betrifft, so habe ich ihn als geistreichen Roué [Taugenichts] kennen gelernt, dem kein Mittel zu schlecht war, auch das nicht, seine Freunde zu verraten, um seinen Gaumen zu kitzeln und lucullisch zu schwelgen und groß zu tun; ... er wird kein gewöhnlicher Verräter sein; einen sehr hohen Preis seines Ehrgeizes und seines Wohllebens wird er aber nicht ausschlagen.

A. Cluß an K. Marx, 2. März 1853

Hermann Rudolf Lotze

Der Lotze bleibt mir ein unprästierlicher [unvorteilhafter] Mensch. Er erscheint mir in der Wissenschaft als das, was man im Leben einen Schwierigkeitsmacher nennt. Er trägt eine Masse von Problemen zusammen, stupft und nestelt an jedem herum, und löst keines; ... zum größeren Teil ist es doch nur seine verzweifelt unphilosophische Art, sie zu stellen, die ihre Lösung unmöglich macht.

D. F. Strauß an E. Zeller, 18. Dezember 1865

Arthur Schopenhauer

Der Fortschritt der deutschen Philosophie besteht ... leider darin, daß sie Kants Fehler ausbildet. Der große Mann hängt mit dem ihm nachfolgenden Jahrhundert durch seine eigene Schwäche zusammen! So ist auch Schopenhauer als Constructeur, als Metaphysiker-Poet von seinem Kant abgefallen; und so kommt es, daß er ihn manchmal mißversteht, nämlich wo er selbst unmöglich gemacht werden sollte.

H. Cohen an H. Lewandowsky, 15. August 1871

Mir war Schopenhauer von Anfang an durchaus unsympathisch.

G. v. Hertling, Erinnerungen, 1919

Emil Du Bois-Reymond

Seine Rede über *Goethe und kein Ende* [1882] charakterisiert diesen trivialen Kanzelredner vortrefflich; sie hat selbst große Verehrer desselben aufgeklärt; eine Antwort ist überflüssig.

E. Haeckel an B. v. Carneri, 20. Dezember 1882

Auguste Comte

Der *weichliche* und *feige Begriff ›Mensch‹ à la* Comte… Es ist immer wieder der Kultus der christlichen Moral unter einem neuen Namen.

F. Nietzsche, Aus dem Nachlaß der Achtzigerjahre,
Hanser-Ed. 3, 573

George Sand

… oder *lactea ubertas,* auf deutsch: die Milchkuh mit ›schönem Stil‹.

F. Nietzsche, Streifzüge eines Unzeitgemäßen,
Aph. 1, 1873

Diese unausstehliche Künstlerin, diese fruchtbare Schreibe-Kuh, die etwas Deutsches im schlimmen Sinne an sich hatte, gleich Rousseau selbst, ihrem Meister.

F. Nietzsche, Streifzüge eines Unzeitgemäßen,
Aph. 6, 1873

Henry Buckle

Der *Plebejismus* des modernen Geistes, der englischer Abkunft ist, brach … heraus, heftig wie ein schlammichter Vulkan und mit jener versalzenen, überlauten, gemeinen Beredsamkeit, mit der bisher alle Vulkane geredet haben.

F. Nietzsche, Zur Genealogie der Moral, Aph. 4, 1887

Herbert Spencer

Krämer-Philosophie des Herrn Spencer: vollkommene Abwesenheit eines Ideales, außer dem des mittleren Menschen.

F. Nietzsche, Aus dem Nachlaß der Achtzigerjahre,
Hanser-Ed. 3, 593

Unsere Sozialisten sind *décadents*, aber auch Herr Herbert Spencer ist ein *décadent* – er sieht im Sieg des Altruismus etwas Wünschenswertes!

F. Nietzsche, Götzen-Dämmerung, Aph. 37, 1888

Jeremias Bentham

Jenes alte englische Laster…, daß *cant* heißt und *moralische Tartüfferie* ist, diesmal unter die neue Form der Wissenschaftlichkeit versteckt; es fehlt auch nicht eine geheime Abwehr von Gewissensbissen, an den billigerweise eine Rasse von ehemaligen Puritanern bei aller wissenschaftlichen Befassung mit Moral leiden wird.

F. Nietzsche, Jenseits von Gut und Böse, Aph. 228, 1886

Jeremias Bentham

Dies nüchtern pedantische, schwatzlederne Orakel des gemeinen Bürgerverstandes ... ist ein rein englisches Phänomen. Selbst unsern Philosophen Christian Wolff nicht ausgenommen, hat zu keiner Zeit und in keinem Land der hausbackenste Gemeinplatz sich jemals so selbstgefällig breit gemachte ... Er reproduziert. Nur geistlos, was Helvetius und andere Franzosen des 18. Jahrhunderts geistreich gesagt hatten. ... Was diesem Kauz von Normalmensch und seiner Welt nützlich, ist an und für sich nützlich. Wenn ich die Courage meines Freundes Heinrich Heine hätte, würde ich Herrn Jeremias ein Genie in der bürgerlichen Dummheit nennen.

K. Marx, Das Kapital, I. Bd., Kap. 22, 5, 1867

Thomas Carlyle

Jener Halb-Schauspieler und ... abgeschmackter Wirrkopf, welcher es unter leidenschaftlichen Fratzen zu verbergen suchte, was er von sich selbst wußte: nämlich woran es in Carlyle *fehlte* – an eigentlicher *Macht* der Geistigkeit, an eigentlicher *Tiefe* des geistigen Blicks, kurz an Philosophie.

F. Nietzsche, Jenseits von Gut und Böse, Aph. 252, 1886

... oder Pessimismus als zurückgetretenes Mittagessen.

F. Nietzsche, Streifzüge eines Unzeitgemäßen,
Aph. 1, 1873

Joseph Ernst Renan

Was hilft alle Freigeisterei, Modernität, Spötterei und Wendehals-Geschmeidigkeit, wenn man mit seinen Eingeweiden Christ, Katholik und sogar Priester geblieben ist!

F. Nietzsche, Streifzüge eines Unzeitgemäßen, Aph. 2, 1873

Herr Renan, dieser Hanswurst *in psychologicis,* hat die zwei *ungehörigsten* Begriffe zu seiner Erklärung des Typus Jesus hinzugebracht, die es hierfür geben kann: den Begriff *Genie* und den Begriff *Held.*

F. Nietzsche, Der Antichrist, Aph. 29, 1888

Hyppolite Taine

Nach dem großen Kriege habe ich mit Taine nicht mehr verkehrt; er konnte sich dem Chauvinismus nicht entziehen, der im Nichtvergessen und Nichtverzeihenkönnen eine Ehrenpflicht sieht.

M. Lazarus, Lebenserinnerungen, 1906

Charles Darwin

An Darwin wird, wie an Kant, solang gebessert werden, bis das Entscheidende an beiden aufgegeben ist.

B. v. Carneri an E. Haeckel, 1. September 1890

… hat den Geist vergessen (das ist englisch!), *die Schwachen haben mehr Geist.*

F. Nietzsche, Streifzüge eines Unzeitgemäßen,
Aph. 14, 1873

Charles Darwin

Der Einfluß der ›äußeren Umstände‹ ist ins Unsinnige *überschätzt.*

F. Nietzsche, Aus dem Nachlaß der Achtzigerjahre, Hanser-Ed. 3, 889

Gelehrtes Hornvieh hat mich ... des Darwinismus verdächtigt.

F. Nietzsche, Ecce Homo, 1889

Eugen Dühring

Im übrigen tröste ich mich hier mit Dührings Philosophie – so ein seichiger Kohl ist noch nie geschrieben worden. Hochtrabende Plattheiten – weiter nichts, dazwischen vollkommener Blödsinn, aber alles arrangiert mit einem gewissen Geschick für ein dem Verfasser recht gut bekanntes Publikum, das vermittelst breiter Bettelsuppen und wenig Arbeit rasch über alles mitsprechen lernen will. Der Mann war nie gemacht für den Sozialismus und die Philosophie der Milliardenzeit.

F. Engels an K. Marx, 25. Juli 1876

Auf dem [British] Museum, wo ich nichts tat als Kataloge durchblättern, sah ich denn auch, daß Dühring ein großer Philosoph ist. Er hat nämlich eine ›Natürliche Dialektik‹ geschrieben gegen Hegels ›unnatürliche‹.

K. Marx an F. Engels, 11. Januar 1868

Bei der sich mehr und mehr verdichtenden Seebads-
dummheit war die entsprechende Lektüre natürlich
die natürliche Wirklichkeitsphilosophie des Herrn
Dühring. So etwas Natürliches ist mir noch nie vorgekommen. Es geht alles mit natürlichen Dingen zu, indem alles für natürlich gilt, was dem Herrn D[ühring]
natürlich vorkommt, weshalb er auch immer von
›axiomatischen Sätzen‹ ausgeht, denn was natürlich
ist, bedarf keines Beweises. Das Ding übertrifft an Platt-
heit alles Dagewesene. ... Sein Horizont reicht kaum so
weit wie der Geltungsbereich des allgemeinen Land-
rechts, und preußische Beamtenwirtschaft repräsen-
tiert ihm ›den Staat‹.
Heute über acht Tage gehen wir wieder nach London, und dann wird der Kerl gleich vorgenommen.
Was der für ewige Wahrheiten predigt, kannst Du daraus sehen, daß seine drei bêtes noires [schwarze
Schafe] sind: Tabak, Katzen und Juden, und die krie-
gen's gehörig.

F. Engels an K. Marx, 25. August 1876

Jener Berliner Rache-Apostel, der im heutigen
Deutschland den unanständigsten und widerlichsten
Gebrauch vom moralischen Bumbum macht: Dühring,
das erste Moral-Großmaul, das es jetzt gibt, selbst noch
unter seinesgleichen, den Antisemiten.

F. Nietzsche, Zur Genealogie der Moral, Aph. 14, 1887

Eugen Dühring

Die *Species anarchistica* innerhalb des gebildeten Prole-
tariats... ich wüßte nichts, was so sehr Ekel macht, als
solch ein ›objektiver‹ Lehnstuhl, solch ein duftender
Genüßling vor der Historie, halb Pfaff, halb Satyr, Par-
füm Renan.

· *F. Nietzsche, Zur Genealogie der Moral, Aph. 26, 1887*

Der aber doch fast mit jedem Wort verrät, daß er eine
kleinliche Seele beherbergt und durch enge neidische
Gefühle zerquetscht wird; ...

F. Nietzsche, Aus dem Nachlaß der Achtzigerjahre,
Hanser-Ed. 3, 461

Dieser Berliner ›Maschinist‹ hält uns also, mein werter
Freund, für *castrati* ... Ich kenne kaum eine widerli-
chere Tonmanier als die seine.

F. Nietzsche an P. Gast, 23. Juli 1885

Hermann v. Helmholtz

Was muß der Helmholtz ein elend kleinlicher Mensch
sein, daß er sich über Äußerungen eines Dühring auch
nur ärgert, und noch dazu derart, daß er der Berliner
Fakultät die Alternative stellt: entweder Dühring wird
gegangen oder ich gehe! Als ob sämtliche Schriften
Dührings, mit all ihrem wütenden Neid, in der Wissenschaft auch nur das Gewicht eines Furzes hätten! Aber
freilich, Helmholtz ist zwar ein sehr ausgezeichneter
Experimentator, aber als Denker dem D[ühring] keineswegs überlegen. Und dann ist der deutsche Professor der Gipfelpunkt des deutschen Kleinbürger- und

Kleinstädtertums, und das namentlich in Berlin. Wo anders könnte ein Mann z.B. von dem wissenschaftlichen Ruf Virchows seinen höchsten Ehrgeiz darin suchen – Stadtverordneter zu werden!

F. Engels an W. Bracke, 25. Juni 1877

Friedrich Albert Lange

Herr Lange macht mir große Elogen, aber zu dem Behuf, sich selbst wichtig zu machen. Herr Lange hat nämlich eine große Entdeckung gemacht. Die ganze Geschichte ist nämlich unter ein einziges großes Naturgesetz zu subsumieren. Dies Naturgesetz ist die *Phrase* (– der Darwinsche Ausdruck wird in dieser Anwendung bloße Phrase –) ›struggle for life‹, …
Man muß zugeben, daß dies eine sehr eindringliche Methode – für gespreizte, wissenschaftlich tuende, hochtrabende Unwissenheit und Denkfaulheit ist.
Was derselbe Lange über Hegelsche Methode und meine Anwendung derselben sagt, ist wahrhaft kindisch. Erstens versteht er *rien* von Hegels Methode und darum zweitens noch viel weniger von meiner kritischen Weise, sie anzuwenden. In einer Hinsicht erinnert er mich an Moses Mendelssohn. Dieser Urtyp eines Seichbeutels schrieb nämlich an Lessing, wie es ihm einfallen könne, ›den toten Hund Spinoza‹ *au sérieux* [ernst] zu nehmen! Ebenso wundert sich Herr Lange, daß Engels, ich usw. den toten Hund Hegel *au sérieux* nehmen, nachdem jedoch Büchner [Karl], Lange, Dr. Dühring, Fechner usw. längst darin übereingekommen sind, daß sie – poor deer [armes Tier] – ihn längst begraben haben.

K. Marx an L. Kugelmann, 27. Juni 1870

79

Eduard v. Hartmann

Denn wir glauben daran, daß es hier sogar noch lustiger zugehen wird, wenn man erst angefangen hat, dich zu verstehen, du unverstandener Unbewußter.

F. Nietzsche, Unzeitgemäße Betrachtungen, 2. Stück, 1872

Er gab so viele Rätsel auf: Offizier, dann Philosoph, Pessimist ... als Denker vielen unsympathisch und doch einer der erfolgreichsten; ja selbst das Äußerliche: ein schöner Mann, ein gelähmter Mann.

M. Lazarus, Lebenserinnerungen, 1906

Gestehe ich Ihnen ein, daß, seit ich einige Sätze der *Philosophie des Unbewußten* genossen, keine Zeile mehr von diesem Schriftsteller lese! Es hat viel für sich, daß sein neueres Schreibwesen etwas auf Charlatanerie herauskomme – aber das dahingestellt lassend, weiß ich doch, daß ich von ihm nicht nur nichts lerne, sondern ihn auch nicht einmal durch entschiedenen Gegensatz belehrend finden würde.

H. v. Stein an H. v. Wolzogen, 15. Dezember 1882

Kuno Fischer

Er empfiehlt Schopenhauer zur Lektüre, ebenso wie Strauß, verwirft Hartmann als ein ›verrücktes Buch‹, rät als Studium Spinoza und Kant.

H. v. Stein, Tagebuch, 17. Juni 1874

Friedrich Theodor Vischer

Man gibt zu, Philister zu sein ... man kann Philister sein und doch Kulturmensch – darin liegt der Humor, der dem armen Hölderlin fehlte, an dessen Mangel er zugrunde ging. ... Die Stärke des Bildungsphilisters kommt ans Licht, wenn er seine Schwachheit eingesteht: und je mehr und je zynischer er eingesteht, um so deutlicher verrät sich, wie wichtig er sich nimmt und wie überlegen er sich fühlt. Es ist die Periode der zynischen Philisterbekenntnisse.

F. Nietzsche, Unzeitgemäße Betrachtungen, 1. Stück, 1872

Ulrich v. Wilamowitz-Moellendorff

Hast Du den Wilamo-Wisch (oder Wilam ohne Witz?) gelesen? Welch übermütig jüdisch-angekränkeltes Bürschchen! Es bekommt aber Prügelchen!

F. Nietzsche an G. Krug, 24. Juli 1872

Friedrich Nietzsche

... machte ich auch dem Baseler Professor in Naumburg meine Reverenz. Wenige Monate darauf erschien die *Geburt der Tragödie* [1872]. Die Vergewaltigung der historischen Tatsachen und aller philologischen Methode lag offen zutage und trieb mich zum Kampf für meine bedrohte Wissenschaft. Das war verzweifelt naiv. Hier war ja gar keine wissenschaftliche Erkenntnis beabsichtigt.

U. v. Wilamowitz-Moellendorff, Erinnerungen 1848-1914

David Friedrich Strauß

Wir gestehen ihm viel zu, wenn wir ihm ein Auge zu-
gestehen – unter den Blinden ist jeder Einäugige König; dies aber tun wir, weil Strauß nicht so schreibt, wie
die verruchtesten aller Deutsch-Verderber, die Hegelianer, und ihr verkrüppelter Nachwuchs.

F. Nietzsche, Unzeitgemäße Betrachtungen, 1. Stück, 1872

Verfasser eines Bierbank-Evangeliums.

F. Nietzsche, Götzen-Dämmerung, Aph. 2, 1888

Ich habe dessen *Alten und neuen Glauben* jetzt durchge-
lesen und mich ebenso über die Stumpfheit und Ge-
meinheit des Autors wie des Denkers verwundert. Eine
schöne Sammlung von Stilproben der abscheulichsten
Art soll öffentlich einmal zeigen, wie es mit diesem an-
geblichen ›Klassiker‹ steht.

F. Nietzsche an R. Wagner, 18. April 1873

Heinrich v. Stein

Beim Lesen ihres *sehr* werten letzten Briefes überkam
mich eine solche Bosheit, daß ich auf Ihre Unkosten
lange Zeit lachte und guter Dinge war. ... Sie sollten
schlechterdings nicht Ästhetiker und Philosoph sein wollen.

F. Nietzsche, Briefentwurf an H. v. Stein, Anfang 1885

Die Habilitationsschrift *Der Wahn eines Helden* [Halle 1880] leidet unter mancherlei Mängeln. Zunächst ist schon die seltsame Überschrift, die besser auf einen Roman oder ein Drama als auf eine wissenschaftliche Abhandlung zu passen scheint, unklar und bleibt unklar, auch nachdem man die Abhandlung gelesen hat.

H. Ulrici, Habilitationsgutachten, 1881

Theodor Mommsen

Mommsen ist seit der Jämmerlichkeit seines letzten öffentlichen Briefes [an den Redakteur F. Scheller in Coburg v. 8. 4. 1884, gegen das Sozialistengesetz] als unmöglicher Historiker überführt

Graf Yorck v. Wartenburg an W. Dilthey, 18. Juni 1884

Ludwig Stein

Gestern las ich, in der *Deutschen Rundschau* [Jg. 74 (1893), S. 392 ff.], ein plumpes Geträtsch eines … Berliner Juden, genannt Stein, über Nietzsche. Schändlich! Das ist wirklich, wie N. selbst irgendwo sagt, als ob ein kalter plumper Frosch Einem in irgend einen warmen Winkel hineinhüpft: Überhaupt ein Esel – sogar noch mehr als ein Frosch, also ein Eselfrosch – dieser Jude: er hat ein stupid freches Buch über Nietzsches Psychologie geschrieben, und meint nun, das wär'sch. Einer von der ganz dickfingrigen, frech überall hinein grapschenden und schnüffelnden Sorte der *ganz* ordinären Literaturjuden. (Es gibt auch eine etwas erträglichere Species). *Solches* Volk gerät jetzt über Nietzsche!

E. Rohde an F. Overbeck, 14. März 1893

Adolf Lasson

Die theologische Hegelei Lassons, in ihrer dilettantischen Flachheit, macht mir wenig Lust, für ihn mich zu erwärmen.

W. Dilthey an Graf Yorck v. Wartenburg, Juli 1896

Paul Rée

Dort hinten in der anderen Ecke des geräumigen Zimmers lag schon einer im Bett. ›Guten Abend‹ tönte mir eine sanfte, wohlklingende Stimme entgegen. ... ›Ich bin Paul Rée, Doktor der Philosophie‹. Ich überlegte, was alles für Fächer bis herab zur Hühnerologie und Mistologie sich unter dem Namen eines Doktors der Philosophie verbergen konnten, und fragte daher nach einer kleinen Pause vorsichtig weiter: ›Philosophie im weiteren oder engeren Sinne?‹ – ›Philosophie im engsten Sinne‹, erwiderte der Unbekannte.

P. Deussen, Mein Leben, 1922

Gestern sah ich Rées Buch über das Gewissen: – wie leer, wie langweilig, wie falsch! Man sollte doch nur von Dingen reden, worin man seine Erlebnisse hat.

F. Nietzsche an H. v. Stein, 15. Oktober 1885

Nietzsche-Archiv

Philosophische Gesamtausgaben sind keine Schaukelstühle für Emotionsbedürfnisse und Reizoszillationen; ...

G. Naumann, Der Fall Elisabeth Förster-Nietzsche, 1896

Mir spielt sie [Elisabeth Förster-Nietzsche, ›die stadtbe-
kannte Schwester eines weltberühmten Bruders‹ (My-
nona)] freilich den Streich, eine *große* Anzahl von Brie-
fen ihres Bruders an mich ... trotz mehrfacher
Mahnungen, immer noch nicht wieder zurückge-
schickt zu haben. Sie braucht immer neue Vorwände;
ich will aber diese mir kostbaren Schriftstücke ...
durchaus nicht verlieren und etwa dem »Nietzsche-
Archiv« (auch eine alberne Erfindung) preisgeben.

E. Rohde an F. Overbeck, 15. Januar 1895

Die Verehrer Nietzsches in Naumburg sind überhaupt
nicht seine besten Interpreten; um ihn richtig zu verstehen, muß man sich meist erst von der Schwester
und den Herausgebern emanzipieren.

Th. Ziegler, Nietzsche und Hölderlin, 1898

Lew Tolstoi

Das Wertvolle an Tolstoi besteht für meine Begriffe in
seinem Vermögen, richtige ethische Urteile zu fällen
und konkrete Tatsachen wahrzunehmen; seine Theo-
retik ist natürlich ohne jeden Wert. Für das Menschen-
geschlecht ist es das größte Mißgeschick, daß er ein so
schlechter Denker ist.

B. Russell an Goldie [= G. L. Dickinson], 20. Juli 1904

Lou Andreas-Salomé

Kluge Frauen – wenn sie nicht einen *zu* schlechten Charakter haben, und die ganz klugen sind selten ganz schlecht – gehen immer aufs Ganze, irren im Einzelnen, aber treffen den Kern. Intuition geht über Studium.

Th. Fontane an O. Neumann-Hofer, 1. März 1895

… namentlich ist auch mir die Art fatal, wie das Buch [L. A.-S., *Nietzsche in seinen Werken*, 1894] die Flagge der Freundschaft aufsteckt, da sie doch Nietzsches Freundin sich zu nennen *in keinem Sinn* ein Recht hat, auch darum nicht, weil sie viel zu sehr sich als Richterin zu ihm verhält.

F. Overbeck an E. Rohde, 9. März 1895

Wilhelm Dilthey

Damals [1899], es war noch zu meiner Berliner Zeit, hatte ich Professor Wilhelm Dilthey gebeten, unserm Komitee beizutreten, erhielt aber zur Antwort: ›Ich soll einem Komitee zur Errichtung eines Denkmals für Schopenhauer beitreten, für den Mann, der *meine Kollegen* [die Universitätsphilosophieprofessoren] so schlecht behandelt hat? Nimmermehr!‹ Ihm war die Kollegialität wichtiger als die Pflicht, dem größten philosophischen Genius seines Zeitalters zu der gebührenden Anerkennung zu verhelfen.

P. Deussen, Mein Leben, 1922

Martin Buber

Martin Buber ist ein Kaffeehausanarchist. Ich kann solche mystische Gleichnisse nicht leiden, wie Du sie mir schreibst.

W. Scholem an G. Scholem, 8. September 1914

Ihn hat im entsetzlichsten Sinne die gefallene Sprache verführt. Die phantasieloseste Abstraktion, das theorieloseste Geschwätz, der resonanzloseste Mystizismus konnten sich keine bessere Residenz erwählen, als den lebenden Leichnam eines Menschen, der über das Erlebnis seiner eigenen Bedeutung gestolpert ist. ... Das Geschwätz kann nicht widerlegt, es kann nur überwunden werden.

G. Scholem an E. Brauer, 3. November 1917

IV. Unter der Schleppe der Vernunft

Friedrich Wilhelm Joseph Schelling

Freilich stehen mit der Renaissance der Philosophie auch manche Gespenster der Vorzeit wieder auf: man gibt nicht nur Schelling in Neudrucken heraus, sondern auch Paracelsus, man begeistert sich an Novalis und spielt Zusammensetzspiel mit seinen *Fragmenten,* wie es große und kleine Geister vordem mit Nietzsches Aphorismen gemacht haben.

F. Jodl an B. v. Carnèri, 1. November 1908

Hermann Cohen

Der Kampf [von Buber & Seligman] richtet sich nicht allein auf mein Judentum, sondern gegen meine Philosophie. Meine Begriffe sollen als leere Abstraktionen, die der Wirklichkeit nicht gewachsen seien, nachgewiesen werden. ... In diesen Bemerkungen wird nichts Geringeres versucht, als ein Todesstoß gegen mein System der Philosophie, das in einer Fälschung Kants seine Grundlage habe. Durch eine stümperhafte Entstellung eines der schwierigsten Probleme, nämlich des Gegebenen, wird ebenfalls mein Verhältnis zur Wirklichkeit als ein tendenziöser Irrtum bezeichnet.

H. Cohen, ›K.-C.-Blätter‹, H. 12, 1916

Friedrich Nietzsche

Es ist der Humor meiner Lage, daß ich *verwechselt* werde – mit dem ehemaligen Basler Professor Herrn Dr. Friedrich Nietzsche. Zum Teufel auch! Was geht mich dieser Herr an!

F. Nietzsche an M. v. Meysenbug, 13. März 1885

Mir ist an dem Patron nur das psychologische Problem merkwürdig; wie man zu einer solchen Wut kommen kann gegen einen Menschen, der einem nie ins Gehege gekommen, … doch lassen wir die Fratzen.

D. F. Strauß an E. Rapp, 19. Dezember 1873

Erinnern Sie sich? Nietzsches Sentimentalität! – Weinender Marmor! Stellen, die sogar auf Weiber wirken, ohne daß man den Stellen oder den Weibern bös werden müßt.

A. Schnitzler an H. v. Hofmannsthal, 27. Juli 1891

Am kranken Nietzsche habe ich den ›Willen zur Macht‹ durchschaut und nie habe ich mich seither zu einer Konzession an Nietzsche verführen lassen.

E. Canetti, Aufzeichnungen 1942–1985

Ich blieb, bis heute, immun gegen ihn. Eine solche Anarchie des Subjektivismus konnte ich nicht ertragen. ... Mag er anderen als der Sturmwind erscheinen, der die Luft reinigte. Mir aber erschien die zerstörende Wirkung größer als die reinigende. In der Kriegszeit [Weltkrieg I] unterhielt ich mich einst mit Troeltsch über die verhängnisvollen Wirkungen Nietzsches auf den deutschen Geist und daß die Generationen sich heute unterschieden, je nachdem sie Nietzsche im Magen hätten oder nicht. Ja, sagte er lachend, er ist wie Rattengift im Gedärm.

F. Meinecke, Erlebtes 1862–1901

Am Eingang der Feindschaft Nietzsches gegen Wagner steht der Jude Dr. Paul Rée, und am Ausgang – dem Ausgang ins Dunkel der Umnachtung – steht der Jude Dr. Georg Brandes.

C. v. Westernhagen, Nietzsche, Juden, Antijuden, 1936

Auch darin sind die Faschisten Schüler Nietzsches, daß sie die unsinnigsten, irrationalistischsten Hirngespinste ihrem Publikum in einer Weise auftischen, als ob diese die Ergebnisse der allermodernsten wissenschaftlichen Forschung wären. ... Einerseits geht eine ununterbrochene Polemik gegen den Geist der Wissenschaft und der wissenschaftlichen Kritik vor sich, andererseits erscheinen die Mythen als etwas, was mit den wirklichen positiven Ergebnissen der fortgeschrittensten Wissenschaft sich in voller Übereinstimmung befindet. So hat schon Nietzsche Darwin bekämpft und zugleich in seinem *Willen zur Macht* die Malthusianische Verdrehung des Darwinismus in den Mittelpunkt eines Gesellschafts- und Geschichtsmythos gestellt.

G. Lukács, Wie ist Deutschland zum Zentrum der reaktionären Ideologie geworden?, 1934

Friedrich Nietzsche

Es kommt unter der Maske des Übermenschen das Gesicht des Untermenschen [sic?], die Fratze des Chaos hervor.

O. Flake, Nietzsche, 1945

Ins Nichts mit ihm!

W. Harich, in: Sinn und Form, H. 5, 1987

Jede Stunde der Auseinandersetzung mit Nietzsche betrachte ich, nach dem Maßstab meiner geistigen Bedürfnisse und Interessen, als verlorene Zeit. Übrigens, außer Habermas fällt mir jetzt noch ein weiterer Gewährsmann ein, ein um Vieles älterer: Wilhelm Windelband hat es nie über sich gebracht, Nietzsche als Philosophen anzuerkennen.

W. Harich, Nietzsche und seine Brüder, 1994

Max Scheler

… mit schlechten Witzen lenkt man keine guten Blitze ab. Listiger Rattenfänger!

S. Friedlaender [Mynona], Max Scheler, 1924

Max Weber

Ich sagte etwa: vom Sinn der Wissenschaft sagen Sie kein Wort [in *Wissenschaft als Beruf*]. Wenn Wissenschaft nur das ist, was Sie von ihr sagen, warum beschäftigen Sie sich mit ihr? Ich sprach von Kants ›Ideen‹ … Max Weber wußte kaum etwas von Kantischen Ideen und reagierte nicht darauf. Schließlich sagte ich: ›Er weiß selber nicht, welchen Sinn Wissenschaft hat und warum er sie treibt‹. Max Weber fuhr sichtbar zusammen: ›Nun denn, um zu sehen, was man aushalten kann…‹.

K. Jaspers an H. Arendt, 16. November 1966

Moritz Schlick

Nach Schlicks Buch *Allgemeine Erkenntnislehre* zu urteilen (das allerhand erbärmlichen Unfug enthält), wird er, wie ich befürchte, gar nicht erkennen können, ob meine Antwort etwas taugt – aber vielleicht ist ihm in der Zwischenzeit einiges aufgegangen.

F. P. Ramsey an L. Wittgenstein, Juli oder August 1927

Henri Poincaré

Und just in diese abscheuliche Mumie, wie Kant ist, hat sich Monsieur Poincaré gänzlich vergafft, wenn er nicht gar von ihm verhext ist. … Ich bin ein *abgesagter Gegner des alten Kant*, der in meinen Augen viel Schaden und Unheil für die Philosophie, ja sogar für die Menschheit gestiftet hat, wie Sie leicht ersehen aus der schweren Fehlentwicklung der Metaphysik in Deutschland bei allen seinen Nachfolgern, wie Fichte, Schelling, Hegel, Herbart, Schopenhauer, Hartmann, Nietzsche usw. usw. bis auf den heutigen Tag.

G. Cantor an B. Russell, 19. September 1911

Lucien Lévy-Bruhl

Darum auch treffen Faseleien wie die von Lévy-Bruhl nicht zu, daß unserem vorgeblich »logischen Denken« das Denken der Primitiven als ein »prälogisches Denken« gegenüberstehe, was schon immer ungeheuerlich erscheinen mußte. Wenn wir nachweisen können, daß das logische Denken viel unlogischer ist, als wir vermuteten, gehen uns die Augen dafür auf, daß das primitive Denken viel logischer ist, *als man angenommen hatte*.

J. Ortega y Gasset, Über das Denken, 1940

Wilhelm Dilthey

Neben Zeller, dem man den Gelehrten sofort ansah, wirkte Dilthey wie ein landläufiger Rentner, klein, etwas verfettet, mit törichten blaßblauen Augen, ... war er schlechter Stimmung, so glich er einem verärgerten Äffchen.

M. Dessoir, Buch der Erinnerung, 1946

Wilhelm Ostwald

... ein Erzscharlatan! ... Ich traue dem Ostwald zu, daß er die Arbeit [den *Tractatus*] nach seinem Geschmack, etwa nach seiner blödsinnigen Orthographie, verändert.

L. Wittgenstein an B. Russell, 28. November 1921

Oswald Spengler

Seine [Nietzsches] Epigonen, Spengler etc. sind womöglich noch alberner und bösartiger.

S. Friedlaender [Mynona] an A. Kubin, 10. April 1933

Stumpf & Riehl

›Die Philosophie wird hier in Berlin mit Stumpf und Riehl ausgerottet‹, so ein in Berlin vor 1914 verbreiteter studentischer Witz.

D. Gawronsky, Einleitung zu Schilpp,
Cassirer: Leben und Werk, 1949

Nach Abhaltung der [Habilitations-]Vorlesung versuchten beide Fachvertreter, der Philosoph [Alois] Riehl und der Psychologe [Carl] Stumpf, ihn [Cassirer] in die Enge zu treiben und schließlich noch im letzten Augenblick zu Fall zu bringen. Durch eine Indiskretion … erfuhr Ernst später, daß man tatsächlich entschlossen war, ihn abzulehnen, als Wilhelm Dilthey – damals schon emeritiert – seine Stimme zugunsten von Ernst abgab und damit die positive Entscheidung erreichte. ›Ich will nicht‹, soll er offiziell geäußert haben, ›daß man später von mir sagen kann, ich hätte Ernst Cassirer abgewiesen‹.

T. Cassirer, Mein Leben mit Ernst Cassirer, 1948

Wladimir Uljanow

Lenin, mit dem ich eine einstündige Unterhaltung hatte, enttäuschte mich eher. Ich glaube nicht, daß ich ihn vorher für einen großen Mann gehalten hatte, aber im Laufe unserer Unterhaltung wurde ich mir vor allem seiner intellektuellen Grenzen bewußt und seiner eher beschränkten marxistischen Orthodoxie, wie auch eines deutlichen Hanges zu boshafter Grausamkeit.

B. Russell, Autobiographie, 1970

Richard Kroner

Das so gepriesene Buch Kroners [*Von Kant bis Hegel*] scheint mir ein großer Irrtum; es nimmt die anfechtbarste Haltung ein, die möglich ist, indem es Kant von Hegel aus zu erklären sucht, als wäre Hegel die Gegenwart

J. Ortega y Gasset, Reine Philosophie, 1929

Ernst Bloch

Wie Ihnen sicher bekannt sein wird, ist Herr Dr. Bloch kein Marxist, er interessiert sich jedoch sehr intensiv um die Klärung gerade des uns interessierenden Problems der Beziehung von Hegel zu Marx.

G. Lukács an M. Horkheimer, 23. November 1931

[siehe auch Nachwort]

Max Horkheimer

Ihre ganz verschiedene Reaktion auf das Neger-Lachen hat mir sehr zu denken gegeben. …
Aber immerhin, ich glaube auch jetzt noch, daß das Lachen nicht im Sinne des Geschmacksideals der amerikanischen Oberklasse war.

E. Fromm an M. Horkheimer, 25. Juli 1934

Theodor Wiesengrund Adorno

… immerhin haben Sie sich über Ihre Zukunft lieber mit Herrn Cassirer beraten als mit mir.

M. Horkheimer an Th. W. Adorno, 25. Oktober 1934

Georg Simmel

… aber mein Fluch und Haß auf Simmel!

E. Bloch an G. Lukács, Dezember 1911

[siehe auch Nachwort]

Martin Buber

Wenn ich es mit scharfen Worten ausdrücken soll, so würde ich sagen, Buber war jüdischer Theologe für Nicht-Juden. Das lag natürlich nicht in seiner Absicht. … Nicht-Juden sehen in seiner Lehre eine jüdische Theologie. Aber Bubers Ansichten stehen in keinem Bezug zu dem historischen Judentum – das ein Judentum der Tora und der Mitzwot ist.
Die Welt der Tora und der Mitzwot aber spiegeln sich in den chassidischen Geschichten Bubers nicht wider, die eigentlich ›Kitsch‹ und bewußte Fälschungen dar-

stellen. Buber hat ein Judentum beschrieben, das es nicht gibt und das es nicht gegeben hat.

Ich meine, Martin Buber war ein Philosoph für Damen (a ladies' philosopher) ... ›für Damen‹ und nicht ›für Frauen‹, denn wenn eine Philosophie gute Philosophie ist, dann ist sie im gleichen Maße für Männer und Frauen gut.

J. Leibowitz, Gespräche über Gott und die Welt, 1987

Martin Buber

Scholem ist eines Tages zu Buber gegangen, um ihm klarzumachen, daß er sich ganz und gar über die Chassidim geirrt habe, alles sei falsch, etc. Buber ließ ihn zwei Stunden reden und dann sagte er: ›Ja, es ist schon möglich, daß Sie recht haben und ich unrecht. Aber wenn Sie recht haben, dann interessiert mich die ganze Sache überhaupt nicht!‹

H. Arendt an K. Blumenfeld, 19. Februar 1958

Gershom Scholem

Scholem sagte einmal zu mir: Sie glauben an die Tora, aber Sie glauben nicht an Gott. Ich sagte ihm: Sie glauben nicht an die Tora und Sie glauben nicht an Gott, aber aus irgendeinem Grund glauben Sie an die Erwählung Israels.

J. Leibowitz, Gespräche über Gott und die Welt, 1987

Georg Lukács

Er, der an einigen Stellen seines Buches [*Geschichte und Klassenbewußtsein*] von der notwendigen Begriffsmythologie der bürgerlichen Soziologen spricht, mißachtet diese seine eigene Warnung und ist selbst nichts anderes als ein Begriffsmythologe, wie wir das bei seinem Begriff des Klassenbewußtseins konstatierten und auf Schritt und Tritt seines Buchs konstatieren können. Diese Begriffsmythologie ist aber unvermeidlich bei idealistischen Voraussetzungen, ist doch der ganze Idealismus im Grunde genommen nichts anderes als eine Mythologie, nicht umsonst ist er wahlverwandt mit der Religion.

L. Rudas, Die Klassenbewußtseinstheorie von Lukács, 1924

Der Artikel von G.L. [*Zur Frage des Parlamentarismus, 1920*] ist ein sehr radikaler und sehr schlechter Artikel. Der Marxismus darin ist ein Marxismus der bloßen Worte.

W. Uljanow, Rede auf dem III. Komintern-Kongreß, 1920

Genosse Lukács und seine Anhänger äußern sich – wiederum in vollem Einvernehmen mit den bürgerlichen Kritikern des Marxismus – voller Verachtung über die ›naturalistische Metaphysik‹ von Engels und Plechanow.

A. Deborin, Unter dem Banner des Marxismus, 1924

Rudolf Schlesinger

Man kommt sich vor, als ob man in einem Narrenhaus wäre: ein solches Maß pursten Geschwätzes. ... Man kann das Ganze doch nur für eine Parodie halten. Daß die Erörterungen der Theorien der Physik durch Berufung auf den ›letzten Aufsatz‹ des Stalin viel gewinnt, glaubt doch offenbar niemand in diesem ganzen Gespenstertreiben, ich jedenfalls habe mich an den Kopf gefaßt.

G. Scholem an Th. W. Adorno, 15. April 1940

Martin Heidegger

Aber ich muß erklären, daß ich diesem Autor zu sehr wenig Dank verpflichtet bin. Es gibt kaum einen oder zwei Begriffe bei Heidegger, die nicht auch in meinen Büchern, zuweilen mit einer Priorität von dreizehn Jahren, vorkämen.

J. Ortega y Gasset, Um einen Goethe
von innen bittend, 1932

James George Frazer

Welche Enge des seelischen Lebens bei Frazer! Daher: Welche Unmöglichkeit, ein anderes Leben zu begreifen, als das englische seiner Zeit!
Frazer kann sich keinen Priester vorstellen, der nicht im Grunde ein englischer Parson unserer Zeit ist, mit seiner ganzen Dummheit und Faulheit.

L. Wittgenstein, Bemerkungen über Frazers
›Golden Bough‹, 1931

Frazer wäre im Stande zu glauben, daß ein Wilder aus Irrtum stirbt. In den Volksschullesebüchern steht, daß Attila seine großen Kriegszüge unternommen hat, weil er glaubte, das Schwert des Donnergottes zu besitzen. Frazer ist viel mehr savage, als die meisten seiner savages, denn diese werden nicht so weit vom Verständnis einer geistigen Angelegenheit entfernt sein, wie ein Engländer des 20sten Jahrhunderts. Seine Erklärungen der primitiven Gebräuche sind viel roher, als der Sinn dieser Gebräuche selbst.

L. Wittgenstein, Bemerkungen über Frazers
›Golden Bough‹, 1931

Jean Wahl

[siehe Nachwort]

Alfred Gurvitch

Er besaß ein ängstliches Temperament, eine krankhafte Empfindlichkeit, die Ursache bisweilen heftiger und allgemein gefürchteter Reaktionen war. Er konnte hartnäckig hassen. Um so mehr, als er überzeugt war, er habe das soziologische Denken von Grund auf erneuert. Der Beitrag von Gurvitch ist nicht belanglos, doch seine Einbildungskraft vergrößerte ihn beträchtlich.

C. Lévi-Strauss, Gespräch mit D. Eribon, 1989

Ernst Cassirer

[siehe Nachwort]

Johan Huizinga

H. ist Gegner des Faschismus und steht der deutschen Emigration freundlich gegenüber.

Als Inbegriff naiven Professorengeschwätzes fordert das Buch [*Im Schatten von Morgen*] jedoch dazu heraus, daß wir einen Trennungsstrich zwischen uns und dieser Art von Freunden machen. Es gehört zu jener Sorte von wohlmeinender Literatur, mit der wir aufräumen sollten. ... sollten wir [die pekuniär nicht abhängigen Emigranten] unsere Unabhängigkeit benutzen, den Dreck auch als solchen zu kennzeichnen, wenn er von dieser Seite kommt.

M. Horkheimer an Th. W. Adorno, 4. Februar 1936

Otto Neurath

Im Grunde ist das ganze nur ein elendes Rückzugsgefecht der formalistischen Erkenntnistheorie des Liberalismus, der auch auf diesem Gebiet in offene Liebedienerei gegen den Faschismus übergeht.

Bestand schon eine wichtige Funktion des Neukantianismus darin, durch die Apologetisierung des herrschenden Wissenschaftsbetriebs die Gesellschaft ... zu verklären, so werden jetzt schamlos alle Sphären der Kultur überhaupt dem Irrationalismus preisgegeben.

M. Horkheimer an Th. W. Adorno, 22. Oktober 1936

Rudolf Carnap

[siehe Nachwort]

Walter Benjamin

Nur W. Benjamin konnte auf den abstrusen Einfall kommen, Prousts Asthma mit der Syntax, ja dem ganzen Werk in konstitutive Beziehung zu bringen.

W. Marx, in: Romanische Forschungen, H. 1, 1990

Berichtigung:

Nur W. Benjamin konnte auf den abstrusen Einfall kommen, Prousts Asthma mit der Syntax, ja dem ganzen Werk in konstitutive Beziehung zu bringen. Die interpretatorischen und philosophischen Leerläufe dieses Schwafelgrafen hat abschließend M. Rumpf aufgedeckt; ders. »Spekulative Literaturtheorie. Zu W. Benjamins Trauerspielbuch«, Königstein 1980.

W. Marx, in: Romanische Forschungen, H. 3, 1990

Ludwig Klages

Hier redet aus dem Philosophen ein Haß, … hier handelt es sich nicht mehr um Erkenntnis! Gehässig war der Klage'sche Versuch den Begriff der ›Hysterie‹ grundsätzlich zu verkoppeln mit dem Begriff ›Jüdisches Wesen‹.

Th. Lessing, Einmal und nie wieder, 1935

Julius Ebbinghaus

Bei der Neueröffnung der Marburger Universität empfiehlt Rektor Ebbinghaus als Heilmittel gegen künftiges
Versagen: ›Aufklärung!‹ ... Unaufgeklärt ist nur – der
mutige Professor Ebbinghaus. Als ob die deutschen Gelehrten in puncto Gelehrsamkeit versagt hätten. Sein
Meister Kant sah tiefer: er fand einen der stärksten Wi-
derstände gegen jede Aufklärung in der Feigheit.

L. Marcuse, Mein zwanzigstes Jahrhundert, 1960

V. Der Strom der Niedertracht verläuft sich nicht ...

Henri Bergson

Für das Weltjudentum ist Bergson ein ganz großer Aktivposten. Soll man von diesem ›faustischen‹ Geist noch sagen, daß er die dem Juden zugeschriebenen negativen Merkmale besitzt? ...
Daß es sich dabei um ein künstliches Arrangement, um eine Kulisse handelt, daß der ganze Bau dieser ›Metaphysik‹ eine Attrappe ist ... das eben ist der ›Fall Bergson‹.

G. Lehmann, Der Einfluß des Judentums auf das französische Denken der Gegenwart, 1940

Jean-Paul Sartre

Hook erklärt, Sartre sei ›a reluctant Stalinist‹ [einer wider Willen]. Ich habe für Sartre nicht viel übrig, aber das gehört nicht zur Sache.

H. Arendt an K. Jaspers, 3. Juni 1949

Jean-Paul Sartre

Er entwickelt ein abstraktes Schema der Geschichte, dergestalt, daß die Französische Revolution für die heutige Menschheit die Rolle eines Mythos spielen kann. ... Sein Denken ist in einer Ideologie verwurzelt. ... Aber: bringen Sie mich nicht dazu, Sartre anzugreifen!

C. Lévi-Strauss, Gespräch mit D. Eribon, 1989

Bertrand Russell

Seine Werke sind wollüstig, libidinös, lüstern, unkeusch, erotoman, aphrodisisch, respektlos, engstirnig, unwahr und bar jeglicher Moral.

aus: *Gutachten der Stadtverwaltung von New York, 1940*

Wen dachten Sie wohl zum Narren zu halten, als Sie diese scheinheiligen gestellten ›Familienvater‹-Bilder für die Zeitungen machen ließen? Kann Ihr krankes Gehirn einen solchen Grad von Senilität erreicht haben, daß Sie sich einen Augenblick lang vorstellten, dies würde irgend jemand beeindrucken? Sie armer alter Narr!
... Schande über Sie! Alle anständigen Leute im Lande verabscheuen Sie wegen dieser niedrigen Tat mehr als für Ihre übrigen Fehler, die Sie schließlich auf ehrliche Weise von Ihrem dekadenten Stammbaum geerbt haben. ... Wenn Sie das amerikanische Leben nicht mögen, dann gehen Sie doch zurück in Ihr heimatliches England (wenn Sie können), zu Ihrem stotternden König, der ein ausgezeichnetes Beispiel für das degenerierte Königtum ist – mit seinen Vorfahren von Barmädchen und Butlern!   Ihr Hasser von Zuhältern

Anonymus aus Newark an B. Russell, 4. März 1940

Wir sprachen über Stalin. Ich erinnere mich, daß ich zu ihm sagte: ›Wie schade, daß wir so wenig über die griechischen Sophisten wissen. Das meiste stammt von ihren Gegnern – von Plato und Aristoteles. Das ist so, als würden wir die Ansichten von Bertrand Russell nur aus sowjetischen Lehrbüchern kennen‹. – ›Oh, nein, wenn wir die Ansichten von Bertrand Russell nur aus sowjetischen Lehrbüchern kennten, dann würden wir ihn womöglich für einen ernsthaften Philosophen halten!‹

I. Berlin im Gespräch mit A. Kojève, 1947

Ludwig Wittgenstein

Seine Theorien sind zweifellos bedeutend und zweifellos sehr originell. Ob sie richtig sind, weiß ich nicht; ich hoffe von Herzen, daß sie es nicht sind, denn die Mathematik und die Logik würden dadurch unglaublich schwierig.

B. Russell an G. E. Moore, 5. Mai 1930

Emile Durkheim

Durkheims Sozialtheorie ist ein Kollektivismus reinsten Wassers und ein genauer Ausdruck jüdischer Mentalität.

G. Lehmann, Der Einfluß des Judentums auf das französische Denken der Gegenwart, 1940

Ludwig Wittgenstein

Gegen eine Neuauflage meiner Einführung zum *Tractatus* habe ich keinen prinzipiellen Einwand. Mich bewog einzig die Tatsache, daß Wittgenstein und alle seine Anhänger meine Einleitung gehaßt haben und daß Wittgenstein einzig deshalb seine Einwilligung gab, weil der Verleger dies zur Bedingung der Veröffentlichung des *Tractatus* machte.

B. Russell an F. Ayer, 27. Mai 1961

… ich sehe wieder, wieviel ich der Wittgensteinschen Gehirnwäsche verdanke – nur hat es sich eben bei mir anders umgesetzt, als bei Dir [H. P. Duerr]. Den Nietzsche habe ich an der Oberschule mit Begeisterung gelesen, … später habe ich viel von seinen *gelegentlichen* Bemerkungen gelernt … aber hinter der Heiterkeit und der Unabhängigkeit lauert da so ein tierischer Ernst, der mir den ganzen Spaß an der Sache verdirbt. … Auch der Wittgenstein ist so ein ernster.

P. Feyerabend an H. P. Duerr, 1979

Wilhelm Reich

Wilhelm Reich ist zur selben Zeit aus der Kommunistischen Partei [der KP Dänemarks, am 21.11.1934] und der Internationalen Psychoanalytischen Vereinigung [auf dem 13. Int. Psychoanalyt. Kongreß, Luzern, Sommer 1934] ausgeschlossen worden – und beide Male völlig zu Recht.

W. Hollitscher, Leipziger Vorlesung SS 1968

Franz Borkenau

Ich las: F. Borkenau *Der Übergang vom feudalen zum bürgerlichen Weltbild*, ein dicker marxistischer Wälzer über Pascal und Descartes. Ein warnendes Beispiel für Marxisten und solche, die es werden wollen.

G. Scholem an W. Benjamin, 14. August 1934

Herbert Marcuse

[siehe Nachwort]

Theodor Wiesengrund Adorno

Sein mißlungener Gleichschaltungsversuch im Jahre 1933 wurde von der Frankfurter Studentenzeitung *Diskurs* [H.1/1963] aufgedeckt. Er antwortete in einem unbeschreiblich kläglichen Brief. … Die eigentliche Infamie bestand darin, daß er, halbjüdisch unter lauter Juden, diesen Schritt natürlich ohne Informierung seiner Freunde getan hat. Er hatte gehofft, mit der mütterlich italienischen Seite (Adorno versus Wiesengrund) durchzukommen.

H. Arendt an K. Jaspers, 4. Juli 1966

Bertrand Russell

Unglücklicherweise (finde ich) war Russell dort und äußerst unangenehm. Wie geschmiert und oberflächlich, aber, wie immer, *erstaunlich* flink.

L. Wittgenstein an G. E. Moore, 3. Dezember 1946

Martin Heidegger

Einst war ich selbst ein Schüler Edmund Husserls, seine
›Phänomenologie‹ dünkte mich jedoch unbefriedi-
gend, und die moderne Version Heideggers fand ich
recht ekelhaft. Ich nehme an, Sie hielten sie gar nicht
der Rede wert.

M. Born an B. Russell, 12. Juli 1951

Die abstruse Sprache von Heidegger, die er benutzte,
um der durch die Jahrhunderte üblichen philosophischen Terminologie das ›abgebrauchte‹ Element zu
nehmen, stieß Ernst [Cassirer] ab. ... Ernst erkrankte
[in Davos, 1931] ... Nun saß ich also zweimal täglich
mit dem sonderbaren Kauz zusammen, der sich vorgenommen hatte, Cohens Leistung in den Staub zu zie-
hen und Ernst wenn möglich zu vernichten.

T. Cassirer, Mein Leben mit Ernst Cassirer, 1948

Ernst Cassiver

Er stößt offene Türen ein. Welcher Positivist würde die
Gesetzlichkeit leugnen! ... Cassirer schlägt gegen den
Positivismus los, weil ihm die Berufung auf Protagoras
höchst unsympathisch ist. Aber er hat gewiß mein *Welt-
problem* [1906/21] nicht genau angesehen. Wieviel
unnütze Schärfe würde aus der Polemik schwinden,
wenn man den Gegner (oft nur den vermeintlichen
Gegner) erst genau verstanden hätte.

J. Petzoldt an H. Reichenbach, 24. Mai 1922

Joachim Ritter

Der junge Ritter, ein früherer Heidegger-Schüler, ehemaliger Kommunist und in schärfster Abwehr gegen das nun eingetretene System [der Nazis] nahm damals alles noch von der komischen Seite. ... Er fiel nach kurzer Zeit um wie ein Zinnsoldat, der er wohl auch gewesen ist. ... Dies die Helden, die sich bei uns versammelt hatten.

T. Cassirer, Mein Leben mit Ernst Cassirer, 1948

Heinrich Blücher

Seinen Namen hielt man für Tarnung, und manche Leute meinten, er sei nichts weiter als Hannah Arendts Ehemann. ... Den vielen Verfassern von Sekundär- und Tertiärliteratur war es nicht zu verargen, daß sie jemanden, der mit sechzig Jahren noch nichts Gedrucktes vorzuweisen hatte, wissenschaftlich nicht ernst nahmen.

M. Plessner, Die Argonauten auf Long Island, 1995

Hannah Arendt

›Hannah Arendt ist tatsächlich sehr stark von deutschen Denkern beeinflußt.‹ – ›Und anscheinend von niemand sonst.‹
›Haben Sie [Isaiah Berlin] ihr Buch *The Jew as Pariah* gelesen? Dort ist sie Ihnen sehr nahe, im Hinblick auf Herder beispielsweise‹. – ›Nein ich kenne dieses Buch nicht, aber Sie machen mir Angst, wenn Sie sagen, sie sei mir nahe.‹
›Ihre [Arendts] Idee von der Banalität des Bösen mag ich nicht hinnehmen. Ich halte sie für falsch. Die Nazis

waren nicht ›banal‹. … Ich habe Scholem gefragt, warum die Leute Miss Arendt bewunderten. Er sagte, kein ernsthaft denkender Mensch tue das. Ihre Bewunderer seien lauter ›Literaten‹, die an den Umgang mit Ideen nicht gewöhnt seien. Für die Amerikaner verkörpere sie das kontinentale Denken. Aber … jeder ernsthaft denkende Mensch könne sie nicht ausstehen. So dachte Scholem, und er kannte sie seit den frühen zwanziger Jahren.‹

I. Berlin im Gespräch mit R. Jahanbegloo, 1991

Gershom Scholem

Scholem habe ich seit seiner und meiner Rückkehr nicht gesehen. Ich habe ihm als Anerkennung für sein großes Werk [über *Sabbati Zwi*] ein Buch geschenkt, das er mir eigentlich stehlen wollte.

H. Arendt an K. Blumenfeld, 6. Dezember 1957

Er ist sehr intelligent, aber nicht eigentlich klug. Außerdem so mit sich selbst beschäftigt, daß er keine Augen (und nicht nur: keine Ohren) hat. Im Grunde meint er: Der Mittelpunkt der Welt ist Israel; der Mittelpunkt Israels ist Jerusalem; der Mittelpunkt Jerusalems die Universität; der Mittelpunkt der Universität Scholem. Wobei das Schlimmste ist, daß er ernsthaft meint, daß die Welt einen Mittelpunkt habe. … So sucht er auch hier nicht nette Menschen, mit denen sich gut reden läßt, sondern die ›intelligentesten‹, von denen er meint, daß sie im Mittelpunkt stünden.

H. Arendt an K. Blumenfeld, 9. Januar 1957

Ernst Bloch

Ich habe den von Dir bezeichneten Absatz des Buches [*Erbschaft dieser Zeit*] noch einmal gelesen, und kann Dir nur sagen, daß Du mir leid tust. Es spricht nicht für den Komfort Deiner Lage, daß Du Dir diese wirklich ›rührende‹ Diebeskameradschaft gefallen lassen mußt … Ich warne Dich: laß diesen Mann nicht etwa hierher reisen oder empfiehl ihm dann lieber nicht, mich zu besuchen.

Übrigens erlaube mir zu sagen, daß ich einem verlogeneren und tristeren ›Kommunismus‹ noch selten begegnet bin als in diesem Schmöker.

G. Scholem an W. Benjamin, 25. August 1935

Ernst Bloch ist unter anderem auch der bedeutendste Spaßmacher des Wanderzirkus Diamat [Dialektischer Materialismus] geworden: wendig, ulkig, dogmatisch, anarchistisch, eine barocke Wort-Fontäne. … Der Marxismus wurde in seinem Dialekt ein talmudisch-bänkelsängerisches Klären.

Wie überstand dann der enthusiastische Stalinist Bloch den Schreck, der ihm von Stalins Nachfolgern eingejagt wurde, als man mitteilte: die Kapitalisten hatten recht gehabt in ihrer Beschreibung der Prozesse und ihres berühmten Henkers? … Er pflanzte das Panier ›Hoffnung‹ auf, wie man es so gern an Gräbern tut.

L. Marcuse, Mein zwanzigstes Jahrhundert, 1960

Die mir selbstverständliche Treue zur Sowjetunion habe ich auch zur Zeit der Moskauer Prozesse gehalten, die ich dargestellt und zu interpretieren versucht habe.

113

Auf manche damals schwankende ... hat das einen
Einfluß ausgeübt, der sie vom drohenden Trotzkismus
zurückhielt.

E. Bloch, Offener Brief an die Parteileitung des Instituts
für Philosophie der Universität Leipzig, 22. Januar 1957

Ernst Bloch

... brrr, brrr ... oder haben Sie etwa zufällig eine besondere Liebe für den Herrn?

G. Scholem an Th. W. Adorno, 27. März 1942

Ich muß heute – rückblickend – offen sagen, ... daß
Bloch in der Vorgeschichte meiner Verbrechen im
Grunde eine viel stärkere und verhängnisvollere Rolle
gespielt hat, als z.B. Janka oder Just.

W. Harich, Gefängnisausarbeitung 1957

Wolfgang Harich

Mit Ekel las ich die Frechheiten des play-boy W. Harich
gegen Dich. Dem Lausejungen muß das Handwerk ge-
legt werden.

E. Bloch an G. Lukács, 4. November 1949

Hans Heinz Holz

Hier der Holz [*Prismatisches Denken*] zurück. Allerlei Ge-
schwöge ist darin, auch fehlt fast jede Kritik. Doch hat
man eben nichts anderes, was man über Benjamin hier
schreiben könnte.

E. Bloch an P. Huchel, 10. Juni 1956

Michel Foucault

Man sah sich von weitem bei den Zusammenkünften des Collège de France, und F. Jacob hat uns einmal zusammen zum Essen gebeten. Das ist alles. ...
Dagegen empfinde ich ein gewisses Widerstreben angesichts seiner ständigen vorgefaßten Neigung, in allen Tonlagen zu wiederholen: Achtung, die Dinge sind nicht so, wie ihr glaubt, im Gegenteil. Kurz, zu behaupten, daß, was schwarz ist, weiß sei und was weiß ist, schwarz. Das belehrt mich über die Ansichten des Autors, macht mich jedoch im übrigen nicht schlauer – ein photographisches Negativ und Positiv enthalten jeweils die gleiche Informationsmenge.
Ich kann mich auch nur schwer des Eindrucks erwehren – ich will nicht erst versuchen, das zu belegen, weil ich es nicht nachgeprüft habe –, daß Foucault sich manche Freiheiten mit der Chronologie herausnimmt.

C. Lévi-Strauss im Gespräch mit D. Eribon, 1989

Jacques Derrida

... sein Stil – ›obscurantisme terroriste‹.

M. Foucault, in: The New York Review of Books,
27. Oktober 1983

... ein pathogenes Zeichen unserer Kultur: wenn man in Paris niest, hat man in Rom gleich Lungenentzündung.

L. Colletti, Gespräch im italienischen Radio-Sender
RAI-UNO,1995

Jacques Derrida

An unserem Seminar macht sich immer mehr eine
Esoterik à la Derrida breit … man phantasiert über
Texte wie Liszt über Bach'sche Themen. Die Philologie
steht derweil in der Ecke.

P. Szondi an H. Dieckmann, 20. November 1970

Max Horkheimer

Du wünschst meine Meinung über Horkheimers Aufsatz *Die Juden und Europa* zu erfahren. Nach wiederhol-
ter Lektüre dieser Seiten fällt es mir nicht schwer, sie
leicht faßlich zu formulieren: das ist ein gänzlich
nichtsnutziges Produkt, an dem irgend etwas Förder-
liches und Neues in geradezu erstaunlicher Weise *nicht*
zu entdecken ist.

G. Scholem an W. Benjamin, Februar 1940

Horkheimer ist heute ein entschiedener Freund der Sache von Israel. Scholem sagt bei der Behandlung der
Horkheimer-Frage: ›Horkheimer ist ein Opportunist‹.
… Solange es ging, war er ein fellow-traveller mit ech-
tem jüdischem Antisemitismus.

K. Blumenfeld an H. Arendt, 6. August 1956

Karl Jaspers

Gestern habe ich ein Interview gelesen, das Jaspers
einem Journalisten gegeben hat. Worte, Worte, Worte
… Die sogenannten Philosemiten sind zum Kotzen.

K. Blumenfeld an H. Arendt, 4. September 1960

Jürgen Habermas

Gerade aus den Gedankengängen dieses Werkes [*Erkenntnis und Interesse*] wird es fast unverständlich, daß Sie diesen von den Herren Heimsoeth, Gadamer und Henrich zum Zwecke der Stärkung deren Positionen im Philosophie-Betrieb (das sagte Adorno!) der BRD gezeugten ›Hegel-Preis‹ angenommen haben. Wissen Sie nicht, daß Hegel nun mal Stuttgart so gar nicht liebte. Und was hat die Hegelsche Philosophie mit Stuttgart zu tun? Das ist doch alles nur arrogante Anmaßung, Mache, Propaganda heutiger ›Großhansen‹ (Luther).

W. R. Beyer an J. Habermas, 6. April 1974

Meine Erwartung, Ihnen könnte auf dem Moskauer Hegel-Kongreß in dieser Eigenschaft eines ›Hegel-Preisträgers‹ eine Kritiker- oder gar Schiedsrichterrolle angetragen werden ... trat ein. Am 1.2.74 erklärten Sie brieflich, daß Sie auf dem Kongreß ›keine aktive Rolle übernehmen wollten‹. Am 8.4. schreiben Sie nun, daß Sie ›wenn's sich ergibt, mitdiskutieren wollen‹. Dieser Widerspruch [hä?] dürfte kaum Hegelsche Qualität aufweisen. ... Man wird auf den ›Hegel-Preisträger‹ und seine (kritische!) Meinung warten. Als Philosophen haben wir für solche Preis-Auszeichnungen nichts übrig.

W. R. Beyer an J. Habermas, 14. Mai 1974

Jürgen Habermas

Habermas, ja, das ist auch einer dieser Sesselfurzer, die die Welt mit der Macht des Gedankens verändern wollen, neuerdings mit einem 1400-Seiten-Werk [*Theorie des kommunikativen Handelns*].

H. P. Duerr an P. Feyerabend, 2. Juni 1982

Gestern war ich beim Bischof zu einem Abendessen eingeladen mit dem Habermas. Habe lange gezögert, dann aber doch abgesagt und statt dessen zuhause die *Toten Augen von London* mit dem Fuchsberger und dem Kinski angesehen, viele schöne Morde.

P. Feyerabend an H. P. Duerr, Sommer 1982

Habermas' Leistung verdient allgemeinen Respekt. ... Das muß nicht daran hindern, ebenso deutlich zu sehen, daß er in den philosophischen Grundfragen teils unselbständig, teils zweideutig-ausweichend operiert. Das Philosophieren kann man also bei ihm nicht lernen.

D. Henrich, Interview mit der Deutschen Zeitschrift für Philosophie, H. 3, 1991

Diskurs Wahrscheinlich von J. Habermas zum Start der 80er Jahre erfundener, eher trübsinniger und aber höchst folgenreicher Schnickschnack: Diskursethik, Diskurs über soziale Ungleichheit, Diskurs des Radikalen, Diskurstheorie des Rechts usw. usf. *Der* Quatsch der akademischen 80er Jahre. Ab 1990 in jedem zweiten Buchtitel oder Untertitel.
Vorsicht: Es gibt einen Projekt-Diskurs, aber auch ein Diskursprojekt! Ohne Bindestrich!

Eckhard Henscheid, Dummdeutsch, 1993

Heinrich Hermes [pseud.]

Sein Gesicht wies allerdings unübersehbare Spuren eines intensiven, über Lektüren und Manuskripten verbrachten Zimmerlebens auf. ... er begann unvermittelt einen der dunkelsten Texte der Philosophiegeschichte [Hegels *Logik*, II] wortreich zu illuminieren, dessen gleichwohl und eingestandenermaßen singuläre Stellung als basaler Verständigungsschrift des rationalen Diskurses es hier in dem folgenden Jahr aus seiner opaken Intransigenz zu übersetzen gelte in einen zu rekonstruierenden theoretischen Kontext; mithin werde hier, eingestandenermaßen, eine Unternehmung begonnen, die vor das Begreifen das Buchstabieren sich zum Ziel setze und damit eine Anstrengung auf sich nehme, die derjenigen des Begriffs, von der dieses gewaltigen Werkes Urheber wiederholt gesprochen habe, in nichts nachstehe, ... gelte es doch, die Gedanken Gottes vor der Erschaffung der Welt zu erkunden. ... Mit harziger Zähigkeit verrannen die Minuten.

R. Caven, Marsiliusplatz 1, 1985

Nachwort

> Als Louis Althusser seine Frau er-
> würgte, sagten einige Freunde: Es war
> wohl das erstemal, daß die französi-
> sche Arbeiterklasse Louis verstand.
>
> *Katja Tenenbaum, im Grecco, 1986*

Daß Philosophen mitunter nicht nur, wie Wittgenstein meinte, gegen die Grenze der Sprache anrennen, son- dern auch gegen den guten Geschmack, daß – *und wie* – sie auf die Vernunft pfeifen, wenn es nur gegen den oder die anderen geht, davon zeugt unsere Samm- lung.

Natürlich ist alles aus dem Zusammenhang gerissen … aber es ist auch ein neuer Zusammenhang entstanden; ganz im Sinne des Meisters aus Röcken, als er einmal – im *Ecce homo* – zu bedenken gab, ob es nicht sinnvoll sei, Dinge, die sich noch nie begegnet, die einander noch nie ins Gesicht gesehen hatten, plötzlich mitein- ander zu konfrontieren, um so möglicherweise neues Licht auf sie zu werfen, um neue Einsichten zu gewin- nen. Wir gewinnen Einblicke in die Diskussionskultur verschiedener philosophischer Entwicklungsetappen seit Herausbildung des Kantischen Kritizismus. Gerade jene Ideen-Konstellationen, an denen sich Polemiken entfachen, führen meist ins Innere einer jeweiligen Problemsituation, gerade wenn es sich um Mißver- ständnisse oder, erst recht, wenn alternierende Metho- den- und Denkeinsätze beteiligt sind. Und da solche polemischen Verwicklungen, zumal wenn es sich um gravierende philosophische Problemlagen handelt, dann in der Regel noch weit ins Private der Kontra- henten nachklingen und sich dann z. B. brieflich widerspiegeln, kann eine solche Schimpfkanonade nicht nur befreiend wirken für die mental Beteiligten, sondern auch uns, die wir ›von außen‹ schauen, momentan Klarheit über Wahrheit und Falschheit der Positionen vermitteln.

Vor allem im ersten Abschnitt unseres Schimpfpanoramas können wir solche ›kognitiven‹ Impulse wahrnehmen, wenn wir die polemischen Attacken auf die langsam expandierende Kant-Welt verfolgen. Prototypisch wäre hier über den wortgewaltigen Friedrich Nicolai nachzudenken, seinerzeit eine literarische Institution erster Ordnung, dessen Don-Quichotterien gegen die Kritische Philosophie eine Ahnung wachwerden lassen von der immerwährenden Macht zungenfertiger Ignoranz von Volksvorurteilen.

So wie die Philosophie ihre Konjunkturen und Krisen hat, zeigen sich auch auf ihrer ›Rückseite‹, beim Schimpfen der Philosophen, zuzeiten deutliche Qualitätsschwankungen; das betrifft u. a. die Artikulationskompetenz des zornig geschleuderten Worts, den Witz im Affekt, die frappante provokative Reaktion, das unverblümte Aussprechen des Augenfälligen. Hier zeigt sich natürlich immer die Überlegenheit besonders der ›kalten Wut‹. Der brillante Kopf ist auch hier Friedrich Nietzsche. Überraschend allerdings – gleiche Brüder, gleiche (große) Klappen – die Koinzidenz bei Nietzsche und Marx im Beschimpfen von philosophischen Spießern. Ihre Philisterschelte ist allerdings nur selten philiströs, auch wenn sie selber, wie manche nachdrücklich und glaubhaft versichern, immer Philister geblieben seien. Manch einer, der von ihnen gescholten wurde, ist bloß noch deswegen überhaupt in unserem kulturellen Gedächtnis.

Aber unsere Freude an dieser bitter-fröhlichen Selbst-kritik der philosophierenden Vernunft muß auch herbe Enttäuschungen hinnehmen. Gerade dort, wo man ausgeprägte Begabungen und beste Bildung findet, und – last but not least – bürgerliche Sekurität auch auf der Flucht, wäre Überlegenheit und Generösität auch im Affekt zu erwarten; und man sollte nicht, aus welchen Gründen auch immer, krähen wie ein Marktweib. Die Rede ist natürlich nicht von Wolfgang Harich, der kein extravaganter Parvenü voller geistiger Überraschungen war, sondern leider ein steinharter Literar-Stalinist; die Rede ist von den beiden Dialektikern der Aufklärung im Exil, Horkheimer und Adorno. Das Schimpfen der beiden blieb seinerzeit meistens ohne Witz, ohne ein Auf-den-Punkt-Bringen, ohne Überlegenheit, kurz: es ist trivial, auch böse; so etwa, wenn Adorno (am 13. Mai 1935 an Horkheimer) schreibt, daß er »Herrn Cassirer für völlig vertrottelt halte«, oder (am 28. November 1936 an Horkheimer) von den Vorzügen Russells und Wittgensteins gegenüber »den Trotteln à la Karnap [sic!] oder Schlick« spricht. Besonders infam muß es aber nicht nur aus heutiger Perspektive scheinen, wenn Adorno (der selber ein Arrangement mit dem ›Dritten Reich‹ nicht völlig ausschloß) Horkheimers Sympathie für Herbert Marcuse zu desavouieren sucht, als er schreibt: »Es wird Sie nicht wundernehmen, wenn es mich traurig macht, daß Sie philosophisch unmittelbar mit einem Mann arbeiten, den ich schließlich für einen durch Judentum verhinderten Faszisten halte; denn weder konnte er sich über Herrn Heidegger Illusionen machen, dem er laut Vorwort des Hegelbandes [*Hegels Ontologie und die Theorie der Geschichtlichkeit*] alles zu verdanken hat, noch etwa über seinen Verleger, Herrn Klostermann aus dem ›Tatkreis‹« (Th. W. Adorno an Horkheimer, 13. Mai 1935).

Daneben nimmt sich der Vorbehalt, etwa Jean Wahl gegenüber, völlig harmlos aus, wenn Adorno von dessen *Études Kierkegaardiennes* [1938] schreibt, sie seien »ein grundgelehrtes aber unbeschreiblich langweiliges Werk. Alles bloß Interpretation, Darstellung und existentielle Brückenschlagerei … auch nicht der Ansatz zu einer Kritik oder theoretischen Durchdringung der Existenzphilosophie, vielmehr nur das Bestreben, diese durch eine Art von standard work und Textbuch zu untermauern« (Th. W. Adorno an W. Benjamin, 4. Mai 1938).

Auch dort, wo das böse Urteil wohl bloß das schlicht Faktische illustriert, etwa im Falle Ernst Blochs, »der nachgerade als eine trübe und universal gehässige Quelle betrachtet werden muß« (Th. W. Adorno an W. Benjamin, 10. November 1938), bleibt der nolens volens ›richtige‹ Eindruck in der üblen Nachrede trotzdem merkwürdig belanglos.

Wie generös wirkt dagegen die Zurückhaltung eines Lévi-Strauss gegenüber theoretischen Antipoden, gerade auch wenn er sich seiner Überlegenheit sicher sein konnte!

Diese Enttäuschung über die Unfähigkeit der Urheber der Kritischen Theorie zu eben radikaler Kritik (die als Fluch ›vaporisieren‹ kann) wird nur noch übertroffen von den antisemitischen Obsessionen, mit denen der eigentlich als Kant-Herausgeber bemühte Gerhard Lehmann 1940 das ›Jüdische‹ aus dem französischen Geist zu selektieren sich anschickt. Hier befindet sich das Impertinente auf – und schon jenseits – der Grenzlinie zum Verrat.

Weil sich auch die institutionalisierte Impertinenz, die im ›Marxismus-Leninismus‹ – vulgo: EmEl – als sog. ›Kritik der bürgerlichen Ideologie‹ firmierte, immer auf dieser Grenzlinie bewegte, d. h., weil sich die Polemik

und das Schimpfen nicht aus der persönlichen Entscheidung oder Betroffenheit des einzelnen, der mit
einer anderen philosophischen Meinung unzufrieden
war, herleiteten, sondern ›von oben‹, als jeweils ge-
plante Kampagne, angewiesen wurden, bleiben solche
Zeugnisse (deren Vielzahl nur von ihrer Trivialität
übertroffen wird) in dieser Sammlung unberücksich-
tigt.

In der Zusammenfügung dessen, was im philosophischen Prozeß niemals zusammengehörte, sublimieren
viele der einzelnen Stücke ihre Kontingenz; es stellt
sich plötzlich eine Bezugnahme her, die vorher (auch
vom Herausgeber) so gar nicht intendiert war. Eine
zunächst isoliert stehende Polemik erhält in der Spie-
gelung mit einer anderen Stimme einen neuen Wert.
Der Eindruck prima vista, daß sich jeder gegen jeden
bloß als Polemiker verhält, klärt sich langsam, so daß
doch vernünftige Konturen auch in diesem Extrembe-
reich geistiger Produktivität deutlich werden können.
Wir werden natürlich zuletzt auch angehalten, die
Kontexte, aus denen jene Bruchstücke stammen, er-
neut zur Hand zu nehmen.
Insgesamt ist diese Sammlung auch ein Beitrag zu einer
etwas anderen Geschichte der Moderne, vor allem aber
ist sie eine etwas andere Einführung in die Philosophie.
Die hier vorgelegten Aphorismen und Fragmente von
Philosophen über Philosophen haben insgeheim auch
einen Zusammenhang als Beitrag zu einer künftigen
»jokologischen« (Kurt Lenk) Sicht auf den Philoso-
phiebetrieb, denn sie sind komisch, wenn auch häufig
wider Willen. In ihrem rührend falschen Pathos, gar
diskursfeindlichen Furor der Enthüllung des anderen
entstellen sich die Sprechenden bisweilen bis zur
Kenntlichkeit. Die flüchtigen Blicke, die wir hier auf

die gewissermaßen ›vegetative‹ Seite der Vernunft werfen können, bringen uns zum Lachen.

Das ›Pathos der Distanz‹, mit dem uns Philosophen gewöhnlich begegnen und mit dem wir uns gewöhnlich die Philosophie vom Leibe halten, ist hier unterlaufen – und wir erkennen Philosophen durchaus auch als unsereins: voller Affekte gegenüber dem, der vermeintlich oder wirklich klüger oder dümmer, pfiffiger oder gleichgültiger, erfolgreich oder intrigant ist, und in der Einschätzung, daß man gerade den bestimmten dort nicht ausstehen kann. Davor war z. B. auch der vornehme und zurückhaltende Walter Benjamin nicht gefeit: Zu Georg Simmel fiel ihm nichts Besseres ein als: »Sollte es nicht Zeit werden, einen der Ahnen des Kulturbolschewismus in ihm zu respektieren?« (W. Benjamin an Th. W. Adorno, 23. Februar 1939).

Natürlich liegt im Umstand solcher – unvermeidlicher – Antipathien immer auch eine andere, dunklere Seite, die hier in unserer Sammlung noch kaum berührt wurde, deren Zeugnisse kaum publik werden, nicht für die Öffentlichkeit gedacht sind und nicht in Korrespondenzen zu finden wären, sondern z. B. in Archiven von Verlagen, in den Hinterlassenschaften von Zensurbehörden, aber auch in Stiftungs- und Dekanatsakten, und nicht zuletzt in den Kellern von Geheimdiensten, historischen wie gegenwärtigen, lagern und die unter dem Titel auszuheben wären: Philosophen verraten Philosophen.

Zu dieser Ausgabe

Die Sammlung ist natürlich unvollständig, sie kann vervollständigt werden, auch durch künftige Anstrengungen des *furor philosophicus.*

Die Textstücke aus den letzten zwei Jahrhunderten, die hier aus dem Schlaf der Vernunft geschreckt werden, sind nicht chronologisch oder – nach Verfassern – alphabetisch angeordnet, sondern unter fünf ›systematischen‹ Gesichtspunkten versammelt; insofern können durchaus dieselben Namen in mehreren Abschnitten auftauchen, dann, wenn sie in historisch oder biographisch ganz unterschiedlichen Kontexten stehen.

Die Quellenangaben der unterschiedlichen Textsorten beschränken sich (bis auf wenige Ausnahmen) auf die jeweiligen originalen Entstehungs- und Publikationsformen.

Texteingriffe des Herausgebers sind mit [...] gekennzeichnet. Die Texte wurden unter Wahrung des Lautstandes und – bei Gelegenheit – der Interpunktion orthographisch leicht modernisiert.

Für ihr mitgehendes Interesse an diesem Band möchte ich mich herzlich bei Jon Stewart, Wilfried Lehrke, Peter Fischer, Carlos Marroquín und – vom Reclam Verlag Leipzig – Bert Sander bedanken. Besonderer Dank gebührt Birgit Kober vom Institut für Philosophie der FernUniversität Hagen für Ihre Mitarbeit und namentlich die Titel-Inspiration (im Essener *Gallo*).

Hagen, 24. Juni 1995   *St. D.*

126

Namenregister

Adorno, Th. W. 97, 100, 102, 109, 114, 117
Andreas-Salomé, L. 86
Arendt, H. 93, 98, 105, 109, 111–112, 116
Aristoteles 107
Auerswald, A. v. 65
Ayer, F. 108

Baader, F. v. 47, 66, 69
Bach, J. S. 116
Bachmann, C. H. 67
Bardili, Ch. G. 38–40
Bauer, B. 67
Benjamin, W. 103, 109, 113–114, 116
Bentham, J. 73–74
Bergson, H. 105
Berlin, I. 107, 112
Beyer, W. R. 117
Blanc, L. 63
Bloch, E. 96–97, 113–114
Blücher, H. 111
Blumenfeld, K. 98, 112, 116
Borkenau, F. 109
Born, M. 110
Bouterwek, F. 13, 40, 48
Böhme, J. 66
Bracke, W. 79
Brandes, G. 91
Brandis, Ch. A. 41
Brauer, E. 87
Brinkman, C. G. 43
Buber, M. 87, 89, 97–98
Büchner, K. 79
Buckle, H. 73

130

RECLAM LEIPZIG

Andere Editionen von Steffen Dietzsch:

Nachtwachen. Von Bonaventura

167 Seiten. Format 21,5 × 30,0 cm. Gebunden
Mit 16 Radierungen von Michael Diller
48,– DM. ISBN 3-379-00688-2

José Ortega y Gasset
Die Schrecken des Jahres eintausend

Aus dem Spanischen übertragen von Ulrich Kunzmann
112 Seiten. RBL 1448. 10,– DM
ISBN 3-379-01448-6

Immanuel Kant
Der Streit der Fakultäten

153 Seiten. RBL 1049. 9,– DM
ISBN 3-379-00682-3

Luzifer lacht
Philosophische Betrachtungen von Nietzsche bis Tabori

256 Seiten. RBL 1480. 20,– DM
ISBN 3-379-01480-x

RECLAM-BIBLIOTHEK

Manfred Frank
Conditio moderna

Essays, Reden, Programme

216 Seiten. RBL 1475. 20,– DM
ISBN 3-379-01475-3

Mit seiner Rede zur 54. Wiederkehr der Pogromnacht
von 1938 am 9. November 1992 in der Frankfurter Pauls-
kirche versetzte Manfred Frank Politiker aller Parteien
in nervöse Aufregung. Auf Ablehnung stieß seine
Warnung vor einer populistischen Politik der Anpassung
des bundesdeutschen Grundgesetzes ans »unqualifizierte
Volksempfinden«. Demonstrativ verließen Christdemo-
kraten den Raum. Sowohl in den Fragen aktueller
Politik als auch auf dem philosophischen Kampfplatz
um ›modern‹ oder ›postmodern‹: an Manfred Frank schei-
den sich die Geister: »… und je mehr ich versucht habe,
zu vermitteln und verständlich zu machen, desto größeren Widerspruch habe ich erlebt – bis hin zur Aggressi-
vität, …«.
Der in Tübingen lehrende Philosoph Manfred Frank (geb.
1945) widmet in diesem Band seine Aufmerksamkeit vor
allem »dem dünnen Eis oder eher den tönernen Füßen,
auf denen unsere Demokratie steht …«

Hans-Dieter Bahr
Die Sprache des Gastes
Eine Metaethik

493 Seiten. RBL 1500. 29,– DM
ISBN 3-379-01500-8

Mit der Institutionalisierung des Glaubens, also der Ver-
kirchlichung, vor allem aber mit der Staatenbildung zu
Beginn der Neuzeit gerät der Gast als ein Fremder unter
systematischen polizeilichen Verdacht. Historisch löst das
Fremdenrecht das Gastrecht ab. Und der vertriebene, aus-
gegrenzte Gast kehrt als unheimlicher Fremder zurück.
Der in Wien lehrende Philosoph Hans-Dieter Bahr
(geb. 1939) erinnert an eine vergessene Geschichte zu
einem heute erschreckend aktuellen Thema.

Bahr promovierte 1968 in Tübingen bei Ernst Bloch,
wurde drei Jahre später Assistenzprofessor in Berlin und
unterrichtete von 1973 bis 1979 in Bremen. 1979 ging er
als Gastprofessor nach Mailand. Seit 1984 lehrt Bahr als
ordentlicher Professor für »Geschichte und Systeme der
Philosophie« in Wien.

Freiheit oder Gerechtigkeit

Perspektiven politischer Philosophie

Herausgegeben von Peter Fischer
Originalausgabe
275 Seiten. RBL 1531. 22,– DM
ISBN 3-379-01531-8

Politik, die Kunst des Möglichen (Bismarck), verdirbt den Charakter (Metternich) und ist doch unser Schicksal (Napoleon). Warum schafft Recht Ungerechtigkeit? Inwieweit darf die politische Gemeinschaft über den einzelnen verfügen? Müssen Selbstverwirklichung und soziale Bindung einander notwendig widerstreiten? Diese Fragen zielen auf die geistigen Fundamente moderner Gesellschaften und betreffen zugleich unser Alltagsleben unmittelbar.

Rüdiger Bubner, Günter Figal, Peter Fischer, Volker Gerhardt, Otfried Höffe, Axel Honneth, Kurt Röttgers, Herbert Schnädelbach und Walter Seitter stellen Grundzüge einer problembewußten Politischen Philosophie systematisch und im philosophie-historischen Kontext dar.

Der Marxismus in seinem Zeitalter

Herausgegeben von Helmut Fleischer.
252 Seiten. RBL 1515. 22,– DM
ISBN 3-379-01515-6

Doktrinäre Antimarxisten konnten nur mit marxistischen Doktrinären etwas anfangen, und umgekehrt. Erst jenseits dieser Konfrontationen beginnen die wirklichen und würdigen Kontroversen um ein historisches und theoretisches Begreifen des Marxismus in seinem Zeitalter.
Namhafte Autoren – Helmut Fleischer, Volker Gerhardt, Wolfgang Fritz Haug, Gerd Irrlitz, Gerd Koenen, Panajotis Kondylis, Robert Kurz, Ernst Nolte, Karl Schlögel, Richard Schröder – versuchen aus heutiger Perspektive einen theoretischen Zugang zum Epochephänomen des Marxismus.

Man wird widersprechen, man wird zustimmen. Gut so.

Elisabeth Endres, Süddeutsche Zeitung

RECLAM-BIBLIOTHEK

Silvio Vietta
Die vollendete Speculation
führt zur Natur zurück

Natur und Ästhetik

Originalausgabe
224 Seiten. RBL 1529. 24,– DM
ISBN 3-379-01529-6

Das Denken der Aufklärung beginnt mit einem Akt der Selbstermächtigung der menschlichen Vernunft: Rationalität begründet sich selbst als Herrschaft über die Natur. Dieser Denkfigur liegt auch ein ästhetisches Modell zugrunde: das der mathematisch-geometrischen Ordnung. Die gegenwärtige Ersetzung der natürlichen Welt durch eine künstliche Welt der Konstruktion und Simulation bedeutet: Tod der Natur. Die Romantik sucht die Vermittlung von Kunst und Natur, sie bereitet eine Wende in der Ästhetik vor. Die Ästhetik der europäischen Moderne folgt zunächst nicht diesem Modell. Bedeutet aber der ökologische Diskurs, der in Grundzügen im vorliegenden Band referiert wird, die Wende?
Silvio Vietta, geb. 1941, ist Professor am Fachbereich für Kulturwissenschaften und Ästhetische Kommunikation der Universität Hildesheim.